SAUERTEIG
GUTES BROT BACKEN

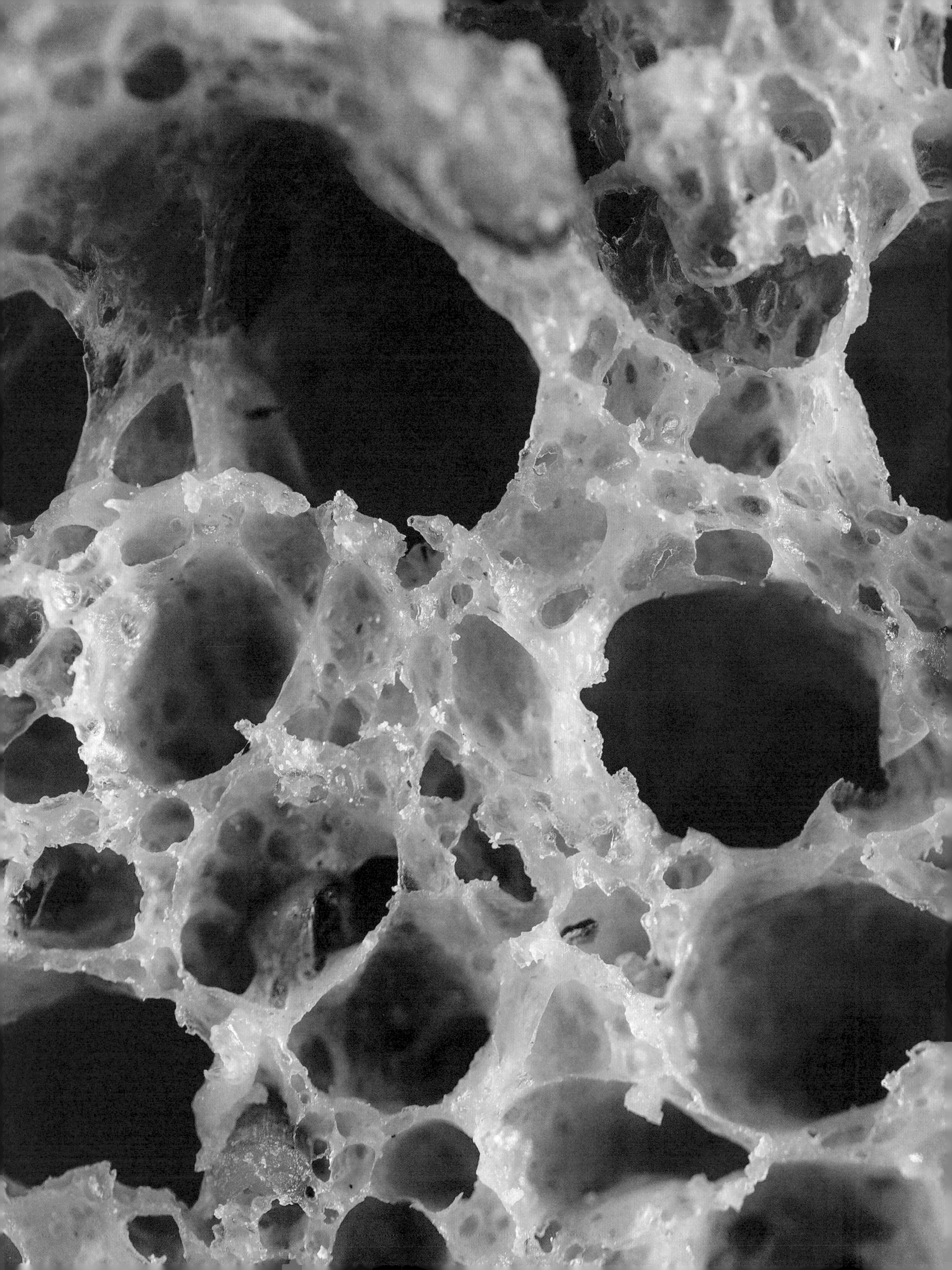

CASPER ANDRÉ LUGG & MARTIN IVAR HVEEM FJELD
sind zwei junge Brotbäcker aus dem norwegischen Fredrikstad. Ihre Leidenschaft gilt dem Backen mit Sauerteig, dafür setzen sie auf traditionelle Zubereitungstechniken mit alten Getreide- und Mehlsorten. Auf ihrem Instagram-Account @illebrod teilen sie ihre Begeisterung mit immer mehr Followern. Casper arbeitet hauptberuflich als Schriftsteller, Martin betreibt die kleine Sauerteigbäckerei Illebrød in Oslo.

SAUERTEIG
GUTES BROT BACKEN

CASPER ANDRÉ LUGG &
MARTIN IVAR HVEEM FJELD

PRESTEL
München · London · New York

SEITEN

10–19

20–37

38–79

KAPITEL

1

MEHL, WASSER & SALZ

2

DAS ANSTELLGUT

3

DAS GRUNDREZEPT

DIE BESTEN AROMEN

VORWORT VON VANESSA KIMBELL

Brot gibt es schon länger als Metall – das belegen archäologische Funde aus dem 11. vorchristlichen Jahrhundert. Brot selbst zu backen ist etwas ganz Besonderes, vor allem mit Sauerteig. Sauerteig ist ein uraltes Backtriebmittel: Eine Mischung aus Mehl und Wasser wird mithilfe in Symbiose lebender wilder Hefen und Milchsäurebakterien zur Gärung gebracht. Seit Beginn des 20. Jahrhunderts jedoch wird Brot zunehmend mit modernen, schneller wirkenden Triebmitteln hergestellt. Die traurige Wahrheit ist, dass wir durch die Industrialisierung der Brotherstellung vom ursprünglichen Weg abgekommen sind. Mittlerweile jedoch besinnen sich viele wieder auf alte, traditionelle Herstellungsverfahren – nicht nur aus Nostalgie oder weil es gerade Trend ist. Handwerklich zubereitetes Sauerteigbrot ist so relevant und spannend wie nie.

Durch die lange, langsame Teigführung entstehen gesunde Brote mit erstaunlichen Aromen und Texturen. Wissenschaftlich bewiesen ist, dass Sauerteigbrot einen niedrigen glykämischen Index hat und deshalb vom Körper langsamer verstoffwechselt wird. Deshalb steigt der Blutzuckerspiegel langsamer. Eine lange Fermentierung macht den Weizen auch leichter verdaulich, das sagen nicht nur überzeugte Sauerteigbrotesser, sondern auch Studien. Durch die Säuerung bleibt ein solches Brot länger frisch als andere und schimmelt weniger. Grob gesagt hält ein Laib so lange, wie man ihn gären lässt.

Was Hobbybäcker am häufigsten vom Backen mit Sauerteig abzuhalten scheint, ist die Auffassung, es sei zeitaufwendig und kompliziert. Doch genau das Gegenteil ist der Fall. Leckeres Brot braucht nichts weiter als Mehl, Salz, Wasser und lebende Mikroorganismen, die man für sich arbeiten, sprich gären, lässt. Dazwischen muss der Teig kurz gedehnt und gefaltet, geformt und gebacken werden. Lässt man es wirklich langsam angehen, beträgt die aktive Zubereitungszeit für ein Brot 15 bis 20 Minuten – über einen Zeitraum von 36 Stunden. Beim Einstieg ins Brotbacken sollte man sich zuerst mit den einzelnen Arbeitsschritten und den ablaufenden Prozessen vertraut machen.

An diesem Buch gefällt mir besonders der ganzheitliche Ansatz. Casper und Martin zeigen nicht nur, wie man Sauerteigbrot macht, sondern auch, wie wichtig die Grundzutaten – vor allem Mehl – sind und worauf es bei der Herstellung ankommt. Denn es geht in diesem Buch um mehr als Brot. Es geht darum, Ihnen natürliche Produktions- und Arbeitsweisen vorzustellen. Vielleicht wird dadurch Sauerteig bald auch ein Teil Ihres Lebens werden.

Vanessa Kimbell unterrichtet an der Sourdough School in Northamptonshire und schreibt regelmäßig Beiträge für das Food Programme von BBC Radio 4.

HINWEISE

Leckeres Brot zu backen ist nicht schwer, am wichtigsten sind Geduld und ein wenig Übung. Das sind die Grundlagen des Brotbackens:

AUTOLYSE: Die Autolyse erleichtert die Verarbeitung des Brotteiges, vor allem wenn man mit der Hand knetet wie wir. Sie verbessert zudem den Geschmack und die Textur des Brotes. Der griechische Begriff bedeutet „Selbstverdauung". In Bezug auf Brotteig heißt das, dass der Teig die harte Arbeit selbst übernimmt.

Für die Autolyse wird Mehl und Wasser zu einem Nullteig gemischt, den man 1 Stunde stehen lässt. In dieser Zeit quellen Stärke und Eiweiß im Mehl auf, es entsteht ein stabileres Klebergerüst (Glutennetzwerk). Mit diesem Nullteig wird der Brotteig elastischer und einfacher zu bearbeiten. Das Klebergerüst hält die aromatischen Gärgase besser, dadurch entwickelt die Krume eine schöne, luftig-lockere Porung. Wir geben zur Autolyse bereits Sauerteig hinzu. Salz und weitere Zutaten werden erst nach der Autolyse in den Teig eingearbeitet, das fördert ebenfalls die Teigelastizität. Die Anleitung für die Autolyse finden Sie in unserem Grundrezept Seite 50.

BÄCKERPROZENT: Hinter den Rezeptzutaten steht immer eine Prozentangabe. Sie gibt den prozentualen Gewichtsanteil der Zutat im Verhältnis zur Gesamtmehlmenge wieder. Das ist sehr praktisch, wenn Sie von unseren Teigmengen abweichen möchten. Die Rezepte sind immer für 500 Gramm Mehl berechnet. Werden dabei 400 Gramm Wasser verwendet, entspricht das 80 Prozent der Mehlmenge; 100 Gramm Sauerteig entsprechen 20 Prozent usw. Das prozentuale Verhältnis der Zutaten sollte immer gleich bleiben.

MEHLE: Unser als helles Bio-Brotmehl bezeichnete Mehl entspricht Bio-Weizenmehl der Type 550 mit einem Proteingehalt von etwa 11 Prozent von der besten Qualität. Für eine kräftigere Krume und Kruste probieren Sie Type 812. Wir beziehen unser Mehl von kleinen Mühlen, die Bio-Getreide aus regionalem Anbau in Steinmühlen verarbeiten (siehe Seite 156/157).

MISCHEN: Wir empfehlen, den Teig von Hand herzustellen, da er in einer Maschine zu stark bearbeitet wird. Durch das Fühlen des Teiges können Sie viele Erfahrungen sammeln und ein Gespür entwickeln, wann er die richtige Haptik und Textur hat.

WASSER: Die benötigte Wassermenge ist immer relativ, da Mehle je nach Sorte und Qualität unterschiedlich viel Wasser aufnehmen. Eine Packung Mehl, die länger im Regal gestanden hat, ist trockener als frisch gemahlenes Mehl und deshalb durstiger.

Wenn Sie merken, dass der Teig (zu) trocken ist, können Sie mit dem Salz noch etwas Wasser einarbeiten, aber nur in kleinen Portionen von maximal 25 Gramm. Das zusätzliche Wasser sollte genauso warm oder wärmer sein als das Wasser, das Sie bereits in den Hauptteig eingearbeitet haben. Wie Sie einen zu nassen Teig retten können, erfahren Sie auf Seite 83.

1

MEHL, WASSER & SALZ

MEHL, WASSER & SALZ

Sauerteigbrot ist das ursprünglichste aller Brote. Die Methode und die Rezepte in diesem Buch bauen auf einer über 5000 Jahre alten Tradition nach dem immer gleichen Prinzip auf: Mehl und Wasser mischen und den Teig zur Gare stellen, damit er seine eigene Triebkraft entwickeln kann.

Ein gutes Sauerteigbrot backen kann jeder. Man muss dem Teig nur Zeit und Aufmerksamkeit schenken – und die bestmöglichen Zutaten dafür verwenden. Hochwertige Rohstoffe von Biobauern und Müllern, die sich mit großem Engagement dem Anbau und der Verarbeitung des Getreides widmen, schmecken nicht nur besser, sondern sind auch nachhaltiger.

Mehl, Wasser und Salz – das ist alles, was man braucht. Unsere Methode erfordert kaum körperlichen Einsatz, denn in erster Linie geht es darum, natürliche Prozesse in ihrem eigenen Tempo ablaufen zu lassen. Es ist eine ziemlich flexible Art des Backens, die sich gut in den Alltag integrieren lässt. Zeit ist ein äußerst wichtiger Faktor, fast eine vierte Zutat. Denn mit ausreichend Zeit können sich die Eigenaromen des Getreides voll entfalten und dem Brot seine einzigartige Qualität verleihen.

Es gibt viele verschiedene Getreidesorten, manche sind bereits seit Tausenden von Jahren bekannt. Durch die moderne Landwirtschaft gerieten überall viele alte Getreidesorten fast in Vergessenheit. Mittlerweile werden dank einiger engagierter Landwirte wieder vermehrt alte Getreidesorten wie Einkorn, Emmer, Dinkel oder Nacktgerste angebaut.

Die Wurzeln von Bio-Getreidepflanzen reichen tief in die Erde und holen sich alle nötigen Nährstoffe direkt aus dem Boden. Weder Pflanzenschutzmittel noch Kunstdünger sind nötig. Das Ergebnis ist ein Plus an Geschmack und Nährstoffen. Alle Brote in diesem Buch werden von uns mit steingemahlenen Mehlen aus Bio-Getreide zubereitet, die von kleinen unabhängigen Anbaubetrieben bzw. Mühlen nicht weit von unserem Wohnort stammen. Eine Steinmühle hat im Vergleich zur industriellen Walzenmühle den Vorteil, dass das Getreide nur minimal erwärmt wird und deshalb nährstoffreicher ist. Durch die schonende Verarbeitung bleiben auch die Fette aus dem Getreidekeim erhalten, sodass viele Aromen aus dem Korn auch in unseren Broten stecken.

Das Backen mit Sauerteig erscheint anfangs kompliziert. Wenn Sie den Teig aber ein paarmal in den Händen hatten, werden Sie feststellen, dass Sie schnell an Erfahrung gewinnen, und die Ergebnisse sprechen für sich. Die einzige Möglichkeit, ein guter Sauerteigbäcker zu werden, ist, so viel wie möglich zu backen.

Es gibt viele Wege zu einem guten Sauerteigbrot, die hier vorgestellte Methode ist für uns die beste. Sie ist perfekt für das Backen mit steingemahlenem Mehl aus kleiner Handwerksproduktion, das oft nicht ganz so backstark ist wie handelsübliches Mehl. Gelingen diese Brote, haben sie eine luftige, saftige Krume, eine aromatische knusprige Kruste und den unverwechselbaren Charakter des jeweiligen Korns. Viel Erfolg beim Nachbacken!

2

DAS ANSTELLGUT

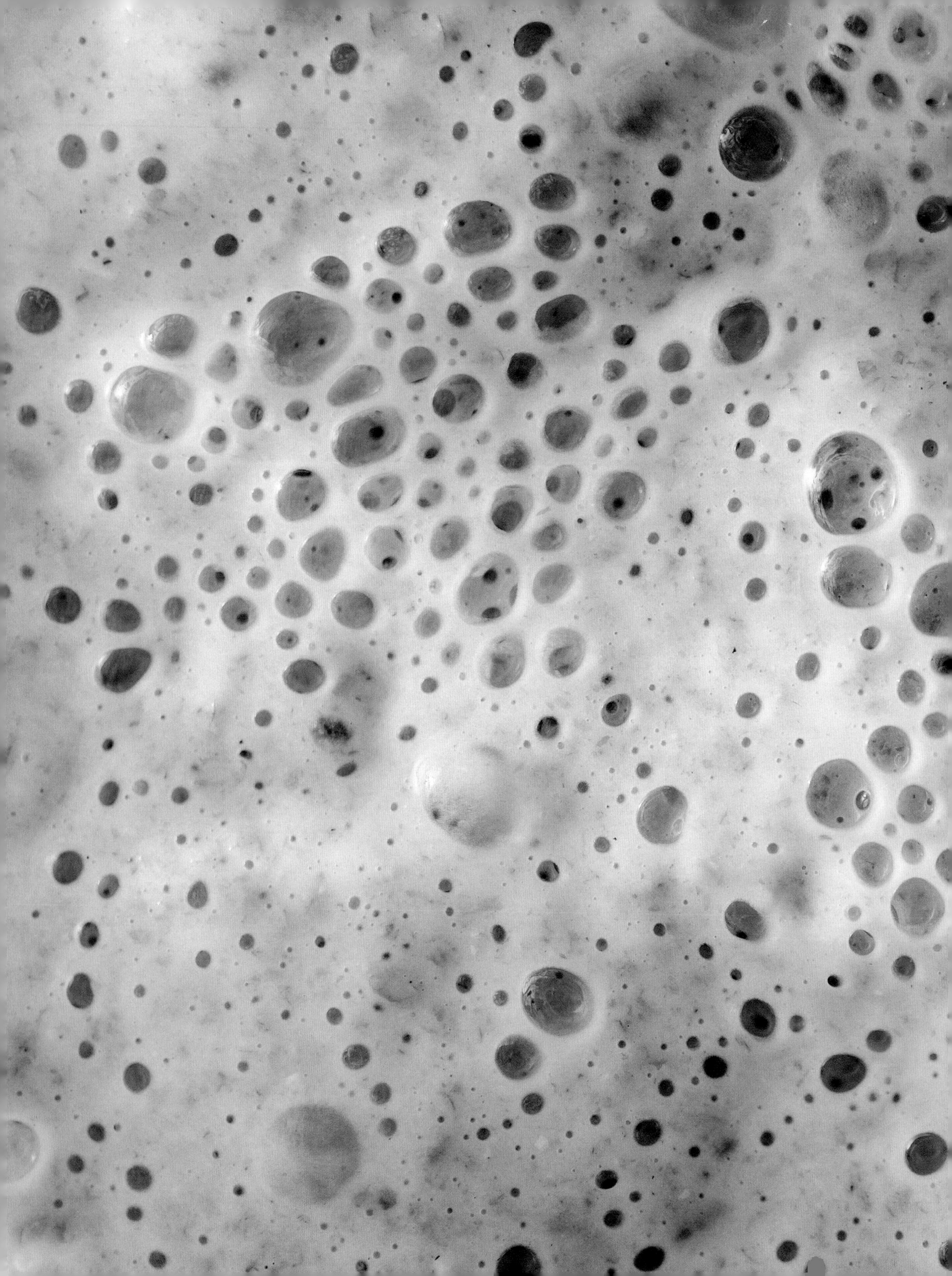

DAS ANSTELLGUT

Für die Zubereitung eines Sauerteigbrotes braucht man ein sogenanntes Anstellgut, manchmal auch als (Sauerteig-)„Starter“ bezeichnet. Das ist nichts weiter als eine Mischung aus Mehl und Wasser. Diese lässt man bei Raumtemperatur stehen, bis sie unter der Einwirkung von Hefesporen und Milchsäurebakterien zu gären beginnt. Wilde Hefen und Milchsäurebakterien kommen ganz natürlich im Mehl selbst, in der Luft, auf unseren Händen, kurz gesagt überall vor. Sie ernähren sich vom Mehl und vermehren sich, sobald das Mehl mit Wasser in Berührung kommt. Als Stoffwechselnebenprodukt produzieren die Hefesporen Gas (CO_2), das den Teig aufgehen lässt. Die Bakterien stellen Säure her, die das Klebergerüst im Teig stabilisiert und für die tollen Aromen im Brot sorgt.

Ein Anstellgut kann ein langes Leben führen, wenn man sich darum kümmert. Zum ersten Ansetzen, werden einfach frisches Mehl und Wasser gemischt und stehen gelassen, bis das Ganze von selbst zu gären beginnt. Anfangs läuft der Fermentationsprozess noch recht gemächlich ab. Aber wenn Sie sich an die Schritte auf den folgenden Seiten halten, werden sich die Mikroorganismen prächtig vermehren. Schließlich stellt sich ein natürliches Gleichgewicht zwischen Hefesporen und Milchsäurebakterien in Ihrem neuen Anstellgut ein. Nach nur einer Woche ist Ihr Glas voller Leben, und Sie können erste Backversuche starten.

SIE BENÖTIGEN:

Bio-Roggenvollkornmehl, steingemahlen
Helles Bio-Brotmehl (Weizenmehl Type 550)

Zwei 1-Liter-Gläser mit Deckel

Wasser (27–30 °C, am besten kaltes Wasser mit abgekochtem Wasser mischen)

Digitale Küchenwaage

TAG 1, MORGENS

50 g Roggenvollkornmehl mit 80 g Wasser (30 °C) in einem 1-Liter-Glas verrühren. Die Mischung sollte recht feucht sein. Den Deckel locker auflegen, damit noch etwas Luft eindringen kann. Die Mischung 24 Stunden an einem warmen Ort – ideal sind etwa 25 °C – bis zum nächsten Morgen stehen lassen.

TAG 2, MORGENS

Riechen Sie was? Ein milder, ganz leicht säuerlicher Geruch ist ein erstes Anzeichen für die Gärung. Vielleicht erkennen Sie auch schon eine Wölbung an der Oberfläche, und wenn Sie kurz rühren, dass sich Poren gebildet haben. Ist dies der Fall, hat die Gärung bereits eingesetzt. Riecht der Ansatz ein wenig abgestanden, wie nasses Gras, lassen Sie ihn noch einen weiteren Tag ohne Veränderungen stehen.

Weitere 50 g Roggenvollkornmehl und 80 g Wasser (30 °C) unterrühren, den Deckel auflegen (damit die Mischung nicht austrocknet) und 24 Stunden stehen lassen.

TAG 3, MORGENS

Der Ansatz sollte sich vergrößert haben (auf etwa das Doppelte des ursprünglichen Volumens). An der Oberfläche und an der Glaswand müssten einige Bläschen zu erkennen sein. Der Geruch erinnert an Weizenbier, Kekse und Cracker, mit einem Hauch von Säure.

Weitere 50 g Roggenvollkornmehl und 80 g Wasser (30 °C) unterrühren, den Deckel auflegen und 24 Stunden stehen lassen.

TAG 4, MORGENS

Wenn Sie jetzt an der Mischung riechen und sie ansehen, sollte es keinen Zweifel daran geben, dass es hier gärt. Der Ansatz enthält nun so viele aktive Mikroorganismen, dass Sie zum Fermentieren einer größeren Mehl- und Wassermenge eine kleine Portion abnehmen können.

50 g Ansatz in das zweite 1-Liter-Glas geben. Mit 50 g Roggenvollkornmehl und 80 g Wasser (30 °C) verrühren, den Deckel auflegen und 24 Stunden stehen lassen.

TAG 5, MORGENS

Sie sollten in Ihrem neuen Anstellgut eine deutliche Bläschenentwicklung und eine starke Volumenvergrößerung feststellen können. Nun ist es so weit gereift, dass Sie es regelmäßig auffrischen können, um es länger haltbar zu machen.

30 g Anstellgut in ein neues, sauberes Glas füllen. Mit 50 g Roggenvollkornmehl, 50 g hellem Brotmehl und 130 g Wasser (30 °C) verrühren. Den Deckel auflegen und 12 Stunden stehen lassen. Jetzt können Sie mit dem Anstellgut backen, aber zur Sicherheit empfehlen wir, es noch zwei weitere Male aufzufrischen, bevor Sie damit einen Sauerteig ansetzen (siehe Ansetzen des Sauerteiges, Seite 34). Wenn Sie nicht sofort backen, stellen Sie es zum Aufbewahren in den Kühlschrank.

ANSTELLGUT AUFFRISCHEN

Die Mikroorganismen im Anstellgut ernähren sich von Zucker. Enzyme wandeln nämlich die Stärke des Mehls in Zucker um und liefern so Nahrung. Ist die aufgebraucht, benötigen die Hefen und Bakterien neues Futter in Form von frischem Mehl und Wasser. Damit das Anstellgut lebendig bleibt, sollte es mindestens einmal pro Woche aufgefrischt werden.

Wenn Sie das Anstellgut im Kühlschrank aufbewahren, reicht es aus, ein- bis zweimal pro Woche zu füttern. Bevor Sie damit backen, sollten Sie es zweimal auffrischen, einmal etwa 24 Stunden und einmal etwa 12 Stunden vor dem Ansatz des Sauerteiges.

Wenn Sie häufiger als zweimal pro Woche Brot zubereiten, ist es am besten, das Anstellgut bei Raumtemperatur aufzubewahren und – so unsere Empfehlung – täglich morgens und abends aufzufrischen. Andernfalls droht das Anstellgut zu kippen. Es entsteht ein Ungleichgewicht zwischen Hefen und Milchsäurebakterien, und die Mischung wird zu sauer. Das kann sich sowohl negativ auf den Geschmack als auch auf die Triebkraft auswirken.

ANSTELLGUT AUFFRISCHEN:

1. Das Anstellgut am Abend aus dem Kühlschrank nehmen.
2. 50 g Anstellgut in ein sauberes Glas füllen. Mit 130 g Wasser (30 °C) und 100 g Mehl (je 50 g Roggenvollkornmehl und helles Brotmehl) sorgfältig verrühren. Die Mischung sollte leicht zähflüssig sein. Ist sie dicker oder dünner, entsprechend mehr oder weniger Wasser verwenden.
3. Das Anstellgut bis zum nächsten Morgen mit locker aufgelegtem Deckel (für Luftzufuhr) an einem warmen Ort stehen lassen. Es sollte seine maximale Aktivität und Volumen erreicht haben und schon wieder einsinken, bevor es ein weiteres Mal aufgefrischt, für einen Sauerteigansatz verwendet oder kühl gestellt wird. Der Vorgang dauert mindestens 10 bis 12 Stunden, auch bis zu 16 Stunden oder länger sind möglich. Wichtig ist, das Anstellgut nicht zu früh zu verwenden. Die Mikroorganismen müssen wieder hungrig sein. Solange die maximale Aktivität noch nicht erreicht ist, ist genug Nahrung vorhanden.

Wenn Sie nicht am selben Tag backen wollen, stellen Sie das Anstellgut in den Kühlschrank. Backen Sie später am Tag, frischen Sie das Anstellgut erneut auf und lassen Sie es bei Raumtemperatur stehen.

SAUERTEIG ANSETZEN

Für alle unsere Brote in diesem Buch wird zunächst ein Sauerteig aus Anstellgut, Mehl und Wasser angesetzt, der einige Stunden reifen muss. Der Sauerteig ist das Triebmittel, das den Brotteig aufgehen lässt. Diese Triebkraft entsteht durch die Mikroorganismen im Sauerteig. Enzyme spalten die Stärke im Mehl in Zucker auf. Die Hefen verwerten den Zucker, dabei entsteht CO_2, das vom Klebergerüst des Teiges eingeschlossen wird und die Brotkrume luftig macht.

Für ein schönes Brot ist es also wichtig, dass sich der Sauerteig richtig entwickelt. Er muss aufgehen und porig sein; an der Oberfläche kann man deutliche Bläschen erkennen. Außerdem sollte er fruchtig-säuerlich, wie überreifes Obst, riechen.

Für die ersten Backversuche empfehlen wir, eine Schwimmprobe zu machen. Dafür 1 Teelöffel Sauerteig in ein Glas Wasser geben. Wenn er schwimmt, produzieren die Hefen ausreichend CO_2 und können es mit größeren Teigmengen aufnehmen. Sinkt er nach unten, ist die Gasentwicklung zu gering. Lassen Sie den Sauerteig dann weitere 1–2 Stunden reifen. Ohne ausgereiften Sauerteig kann der Brotteig weder in der vorgegebenen Zeit aufgehen noch ein stabiles Klebergerüst entwickeln – hierbei ist der Säuregehalt des Sauerteiges entscheidend.

Andererseits darf der Sauerteig auch nicht viel länger als empfohlen reifen, sonst entwickelt er eine stechend riechende Säure. Die kann sich im Teig ausbreiten, die milden Aromen des Getreides überlagern und die Teigqualität negativ beeinflussen.

Wie lange der Sauerteig reifen muss, hängt von der Menge an Anstellgut ab. Je mehr Anstellgut, desto kürzer die Reifezeit.

Wenn Sie Ihr erstes Sauerteigbrot backen, sollten Sie sich einen Zeitplan machen, inklusive der Zeit zum Auffrischen des Anstellguts und zum Ansetzen des Sauerteiges. Wenn Sie den Hauptteig z. B. abends zubereiten wollen, müssen Sie das Anstellgut am Vorabend und am Morgen des Backtags auffrischen und den Sauerteig am Nachmittag des Backtags ansetzen. Wenn Sie den Hauptteig am späten Morgen zubereiten wollen, müssen Sie das Anstellgut jeweils am Morgen und Abend des Vortags auffrischen und den Sauerteig am frühen Morgen des Backtags ansetzen. Wollen Sie mit dem Hauptteig gleich nach dem Aufwachen beginnen, setzen Sie den Sauerteig am Vorabend mit weniger Anstellgut an und lassen ihn über Nacht reifen.

20 g aktives (aufgefrischtes) Anstellgut / 40 g Mehlmischung (je 20 g Roggenvollkornmehl und helles Brotmehl) / 40 g Wasser (30 °C) verrühren und bei Raumtemperatur 4–8 Stunden reifen lassen.

40 g aktives (aufgefrischtes) Anstellgut / 30 g Mehlmischung (je 15 g Roggenvollkornmehl und helles Brotmehl) / 30 g Wasser (30 °C) verrühren und bei Raumtemperatur 2–4 Stunden reifen lassen.

3

DAS GRUNDREZEPT

AUSSTATTUNG

Rührschüssel mit Skalierung
(2–4 Liter)
Gärkorb
Tischbesen (optional)
Teigschaber
Teigkarte
Brotschieber oder Ähnliches

DAS GRUNDREZEPT

Dieses Rezept zeigt unsere Standardmethode und ist die Grundlage für alle weiteren in diesem Buch vorgestellten Brotrezepte. Die Brote unterscheiden sich lediglich in der Zutatenliste – insbesondere in den Mehlmengen und -sorten, der Wassermenge und/oder aromagebenden Zutaten. Unser Grundrezept ist ein guter Anfang, denn der Teig ist auch für Anfänger bei den ersten Backversuchen leicht zu handhaben. Der 30-prozentige Anteil an Dinkelvollkornmehl sorgt für feine Getreidearomen, während der relativ hohe Anteil an hellem Weizenmehl für ein stabiles Klebergerüst und so für eine luftig-lockere Krumenporung verantwortlich ist.

Der Teig sollte während der ersten, 3,5-stündigen Teigruhe um ein Drittel aufgehen, vorausgesetzt der Raum und das verwendete Wasser haben eine bestimmte Temperatur. Bei kühleren Raumtemperaturen geht der Teig langsamer auf, bei wärmeren schneller. Beides führt nicht zwangsläufig zum Ruin des Teiges, kann sich aber dennoch nachteilig auswirken. Die ideale Raumtemperatur für die Teigruhe liegt bei 24–26 °C. Wenn Sie einen Weg finden, den Teig in einem kleinen, geschlossenen Raum warm zu halten bzw. die Küche aufzuheizen, sollte das gut funktionieren.

Sie werden feststellen, dass sich die Teigkonsistenz im Laufe der Zubereitung stark verändert. Am Anfang, nach dem Mischen, ist er weich, klebrig und bleibt nicht in Form. Aber während der Teigruhe bildet sich ein Klebergerüst aus, und der Teig wird geschmeidiger und straffer. Er klebt dann auch nicht mehr so stark an Gerätschaften und Händen. Der Teig ist nun nicht mehr so kompakt und schwer, sondern wird voluminöser und lockerer mit größeren Blasen an der Oberfläche.

Die in den Rezepten angegebenen Wassermengen sind als Richtwerte zu verstehen. Wir neigen dazu, den Teig so stark wie möglich zu hydrieren, also so viel Wasser zuzugeben, wie es das verwendete Mehl eben zulässt. Dadurch wird das Brot feuchter und saftiger. Allerdings ist ein besonders nasser Teig auch schwieriger zu bearbeiten. Deshalb empfehlen wir, erst einmal mit der geringsten im Rezept angegebenen Wassermenge anzufangen, bis Sie etwas Erfahrung im Umgang mit dem Teig gesammelt haben.

Wenn Sie mehr als einen Laib auf einmal backen möchten, multiplizieren Sie einfach die Zutatenmengen mit der gewünschten Anzahl der Laibe und teilen den Teig später mit dem Teigabstecher vor dem zweiten Falten in Schritt 5 des Grundrezepts.

Backen Sie mit allen Sinnen! Wie so vieles kann auch das Backen von Sauerteigbrot eine Wissenschaft sein, aber für ein gutes Ergebnis kommt es letztlich auf Gespür und Erfahrung an.

ZUTATEN

FÜR DEN SAUERTEIG

40 g aktives Anstellgut
30 g Wasser (30 °C)
15 g helles Brotmehl
15 g Dinkelvollkornmehl

FÜR DEN HAUPTTEIG

Bäckerprozente in Klammern

150 g Dinkelvollkornmehl (30 %)
350 g helles Brotmehl (70 %)
375–425 g Wasser (30 °C, 75–85 %)
10 g feines Meersalz, nicht raffiniert (2 %)
100 g Sauerteig (20 %)

SCHRITT FÜR SCHRITT

1

SAUERTEIG ANSETZEN

Sie haben das Anstellgut am Vortag zweimal aufgefrischt (Anleitung siehe Seite 30), sodass es nun aktiv ist und der Sauerteig damit angesetzt werden kann. Dafür tun Sie nichts anderes als beim Auffrischen des Anstellguts: nämlich frisches Mehl und Wasser ins Anstellgut rühren – nun aber in einer großen Rührschüssel und mit anderen Mehl- und Wassermengen.

VARIANTE 1

2–4 Stunden Reifezeit:

40 g aktives Anstellgut,
30 g Wasser,
15 g helles Brotmehl und
15 g Dinkelvollkornmehl
in einer Rührschüssel sorgfältig verrühren. Den Sauerteig 2–4 Stunden reifen lassen.

VARIANTE 2

4–8 Stunden Reifezeit:

20 g aktives Anstellgut,
40 g Wasser,
20 g helles Brotmehl und
20 g Dinkelvollkornmehl
in einer Rührschüssel sorgfältig verrühren. Den Sauerteig 4–8 Stunden reifen lassen. (In den weiteren Rezepten verwenden und beschreiben wir nur Variante 1.)

Restliches Anstellgut wieder in den Kühlschrank stellen.

2

MEHL, WASSER UND SAUERTEIG MISCHEN (AUTOLYSE – SIEHE SEITE 12)

Das Wasser für den Hauptteig sollte 28–30 °C warm sein. Nun 375–425 g Wasser zum Sauerteig in die Schüssel gießen und mit den Fingern grob untermischen. Die jeweiligen Mehlsorten nach Rezept zufügen und von Hand untermischen, bis sich die Zutaten verbinden. Teig von der Schüsselwand mit einem Teigschaber oder einer Teigkarte nach unten schieben. Die Schüssel locker abdecken und den Teig 1 Stunde ruhen lassen.

3

SALZ EINARBEITEN

Das Salz abwiegen und über den Teig streuen. Mit Daumen und Zeigefinger den Teig „kneifen“ und so das Salz einarbeiten, bis der Teig sich straffer anfühlt und nicht mehr so leicht zusammendrücken lässt. Auf diese Weise werden die Glutenstränge des Teiges ein wenig verkürzt, damit sie sich während der folgenden Teigruhe neu organisieren. Sie verbinden sich dann dichter und straffer zu einem stabilen Klebergerüst. Teig nun von der Schüsselwand wieder nach unten schaben und abgedeckt 30 Minuten reifen lassen.

AUTOLYSE (SEITE 12)

SALZ EINARBEITEN

4

DEHNEN UND FALTEN

Die Hände in einer Schüssel mit warmem Wasser befeuchten. Mit der flachen Hand am Schüsselrand unter den Teig fahren. Den Teig anheben, leicht nach oben ziehen (dehnen) und dann über den restlichen Teig falten. Diesen Vorgang fünf- bis achtmal wiederholen, bis sich der Teig straff und fest anfühlt. Dabei die Schüssel immer ein Stück drehen, sodass der Teig von allen Seiten gedehnt und gefaltet wird. Ziel dabei ist, das Glutennetzwerk zu dehnen, aber nicht zu brechen (wie es beim „Teigkneifen“ in Schritt 3 geschieht). Den Teig abdecken und 30 Minuten ruhen lassen.

Den Teig erneut zweimal im Abstand von 30 Minuten dehnen und falten. Nach dem letzten Falten den Teig so lange ruhen lassen, bis sich sein Volumen um etwa ein Drittel vergrößert hat. Das kann 30–90 Minuten, in der Regel aber etwa 1 Stunde dauern.

Besonders praktisch ist dabei eine Schüssel mit Skalierung, an der die Zunahme des Teigvolumens genau abgelesen werden kann. Bei den im Rezept angegebenen Zutatenmengen hat der Teig sein Volumen um ein Drittel vergrößert, wenn die 1-Liter-Marke erreicht ist.

5

VORFORMEN

Den Teig auf eine gut bemehlte Arbeitsfläche legen. Am besten eine Schale mit Mehl bereitstellen, damit Arbeitsfläche und Geräte immer wieder bemehlt werden können, falls der Teig zu klebrig ist. Den Teig mithilfe eines Teigabstechers von verschiedenen Seiten mehrmals über sich selbst falten. Dann einmal umdrehen, sodass die Nahtstelle (der Teigschluss) unten liegt. Um den Teig weiter zu straffen, mit dem Teigabstecher von verschiedenen Seiten zu einer rundlichen Form schieben und drehen (Bilder dazu auf Seite 59). Der Teig sollte dabei noch etwas auf der Arbeitsfläche kleben bleiben. Wenn der Teigabstecher am Teig kleben bleibt, mit Mehl bestäuben.

6

STOCKGARE

Den Teigling mit etwas Mehl bestäuben und 15–20 Minuten ruhen lassen, bis er außen etwas flacher geworden ist. Das Ziel hier ist, dem Klebergerüst etwas Zeit zum Entspannen zu geben, damit das Wirken, also das Formen des Teiglings, einfacher wird.

7

WIRKEN

Den Gärkorb gut mit Mehl ausstäuben. Nehmen Sie bei den ersten Malen sicherheitshalber etwas mehr Mehl, als Sie für nötig halten, bis Sie etwas mehr Erfahrung haben und wissen, wie viel Mehl genau gebraucht wird. Es ist nämlich ziemlich frustrierend, wenn der Teig am Korb kleben bleibt. Idealerweise sollte die Oberfläche des fertig gebackenen Brotes einen schönen Kontrast zwischen weißem Mehl und dunkler Kruste aufweisen. Wir verwenden zum Ausstäuben des Gärkorbs eine Mischung aus je einem Teil hellem Brotmehl und Reismehl. Reismehlpartikel sind härter und quellen bei Kontakt mit dem nassen Teig nicht auf, sodass sich der Teigling leichter aus dem Korb lösen lässt. Sollten Sie kein Reismehl zur Verfügung haben, greifen Sie stattdessen zu Roggenvollkornmehl.

Den Teigling und die Arbeitsfläche daneben mit Mehl bestäuben (wie oben erwähnt, am Anfang lieber zu viel als zu wenig Mehl verwenden). Mit dem Teigabstecher den Teig von der Arbeitsfläche lösen und so wenden, dass die bemehlte Oberfläche auf der bemehlten Arbeitsfläche zu liegen kommt. Den oberen Teigrand greifen, dehnen und zur Mitte hin falten. Nun den linken Teigrand greifen, dehnen und zur Mitte hin falten. Mit dem unteren und dem rechten Rand ebenso verfahren, sodass der Teig eine annähernd quadratische Form hat. Nun nacheinander die Ecken greifen, leicht dehnen und zur Mitte hin falten. Wenn alle vier Ecken übereinandergeschlagen sind, den Teigling wenden, sodass der Teigschluss unten liegt und die glatte Seite nach oben zeigt. Der Teig sollte nun eine Kugelform haben. Wenn der Teig sich noch locker anfühlt, mit dem Teigabstecher wie auf Seite 56 beschrieben noch einmal straffen. Den Teigling mit dem Teigschluss nach oben in den vorbereiteten Gärkorb setzen.

Die Schritt-für-Schritt-Abbildungen auf der folgenden Doppelseite veranschaulichen den ganzen Vorgang.

8

STÜCKGARE

Die Dauer der Stückgare hängt davon ab, wie stark der Teig während der Teigruhe aufgegangen ist. Wenn er um mehr als ein Drittel aufgegangen ist, sollte die Stückgare im Gärkorb vielleicht nur 1 Stunde betragen, aber in der Regel sind 1½–2 Stunden richtig. Hier müssen Sie einfach Ihre eigenen Erfahrung sammeln.

Wenn die Stückgare auch nur ein wenig zu lange ist, zeigen sich beim Backen an der Oberfläche „Krater" und der Laib geht flach auseinander. Wenn das passiert, können Sie beim nächsten Mal die Stückgare kürzer halten. Aber haben Sie Mut! Ein perfekt gereifter Teig hat nicht nur Volumen, sondern auch eine offene, luftige Krume. Nach der Stückgare bei Raumtemperatur wird der Teigling für eine weitere Gare in den Kühlschrank gestellt (siehe nächster Schritt).

Sie können die Reihenfolge auch umkehren und den Teig erst im Kühlschrank, dann bei Raumtemperatur reifen lassen, solange Sie den Backofen vorheizen. Wenn Sie den Teig zimmerwarm in den Ofen schieben, hat das Brot etwas andere Eigenschaften: Die Kruste karamellisiert vielleicht nicht so schön, dafür kann die Krume luftiger werden. Auch hier hilft nur Ausprobieren. Wird das Brot in einem gusseisernen Topf oder einer Kasserolle gebacken, sollte der Teig in jedem Fall kalt sein, da er so leichter in den Topf zu bekommen ist.

9

KALTE GARE

Den Teig im Gärkorb in den Kühlschrank stellen. Er muss nur abgedeckt werden, wenn er sehr trocken ist. Wenn der Teig am Abend gebacken werden soll, muss der Teig über Nacht im Kühlschrank reifen; wenn Sie am frühen bis späten Morgen backen wollen, müssen Sie ihn am Nachmittag bzw. Abend des Vortages in den Kühlschrank stellen. Während Sie schlafen oder mit anderen Dingen beschäftigt sind, entwickelt der Teig während dem kalten Garen noch mehr Aroma, ohne zu stark aufzugehen. Dieser Schritt wird auch als „Gärverzögerung" bezeichnet, weil die Gärung durch die kühlen Temperaturen deutlich verlangsamt wird. Abgesehen von der Ausbildung zusätzlicher Brotaromen, bewirkt die kalte Gare eine schönere Krustenbräunung als bei einer ausschließlichen Gare bei Raumtemperatur. Zudem bilden sich so mehr gesunde Nährstoffe. In einem zuverlässig kühlenden Kühlschrank kann der Teig bis zu 36 Stunden reifen; das Optimum jedoch liegt bei 12–24 Stunden – ganz so wie es am besten in Ihren Alltag passt.

10

BACKEN

Die beiden entscheidenden Kriterien für den Backvorgang sind starke Hitze und Feuchtigkeit (Wasserdampf). Beides lässt sich in einem herkömmlichen Haushaltsofen folgendermaßen erreichen: entweder mithilfe eines vorgeheizten gusseisernen Topfs mit dicht schließendem Deckel oder offen auf glühend heißen Schamottesteinen gebacken. Das Backen auf Stein ist mit etwas mehr Aufwand verbunden, ergibt unserer Meinung nach aber eine bessere Kruste und ein rustikaleres Brot, da sich der Laib beim Ofentrieb besser ausdehnen kann.

Der Backvorgang lässt sich in zwei Phasen unterteilen: In der ersten Phase sollte sich der Teig in feuchter Umgebung ausdehnen. Der Wasserdampf sorgt dafür, dass der Teig nicht starr und speckig wird, sondern an den Einschnitten schön aufreißt und sich großzügig ausdehnen kann. In der zweiten Backphase, in der sich die Brotkruste ausbildet, ist es von Vorteil, wenn die Ofenhitze trocken ist, das heißt, der Dampf aus dem Ofen abgelassen wurde, damit die Kruste knusprig und aromatisch wird.

Wenn Sie in einem gusseisernen Topf oder einer Kasserolle mit Deckel backen, schafft der Teig seine eigene feuchte Umgebung, da das Wasser, das aus dem Teig verdampft, im Topf eingeschlossen wird. Wenn Sie auf Schamottesteinen backen, muss der Dampf durch eine Schale mit kochend heißem Wasser auf dem Ofenboden erzeugt werden. Die meisten modernen Öfen sind so konstruiert, dass sie beim Backen entstehenden Dampf über ein Gebläse ableiten, was in der ersten Backphase ja unerwünscht ist. Damit der Dampf also nicht entweicht, können Sie die Entlüftungsöffnung mit einem Tuch abdichten.

BACKEN IM GUSSEISERNEN TOPF

4 ½–6 ½ Liter, 24–28 cm Durchmesser

Einen sauberen Gusseisentopf mit Deckel mit Metallknauf auf die unterste Schiene des Backofens stellen. Nun den Ofen 60 Minuten auf höchstmöglicher Temperatur vorheizen. Den Teig aus dem Kühlschrank holen. Den Topf mit Ofenhandschuhen aus dem Ofen holen und den Deckel abnehmen. Die Seite des Teiglings mit dem Teigschluss (die im Gärkorb nach oben zeigt) dünn mit Mehl bestäuben und den Teigling aus dem Gärkorb auf einen leicht bemehlten Brotschieber oder Ähnliches stürzen. Bevor der Teigling in den Topf kommt, muss er noch eingeschnitten werden.

EINSCHNEIDEN: Das Einschneiden des Teiges ist nicht nur dekorativ und verleiht dem Brot eine persönliche Note, sondern führt auch Sollbruchstellen herbei, an denen der Teig beim Ofentrieb gezielt aufreißen und sich ausdehnen kann. Je nach Teig (grob, fein, fest, weich) verwenden wir ein paar einfache Muster.

Da auch das Einschneiden geübt werden will, empfehlen wir für den Anfang, vier im rechten Winkel gesetzte Einschnitte zu setzen, ein Quadrat also. Später können Sie gerne experimentieren. Hier einige Dinge, die Sie beim Einschneiden beachten sollten:

- Den Teig erst aus dem Gärkorb stürzen, wenn das Messer bereitliegt. Das Einschneiden soll unmittelbar vor dem Einschieben des Brotes in den Ofen erfolgen.
- Die Klinge beim Einritzen schräg halten. Dadurch erhält der Schnitt eine schützende „Lippe“, die dafür sorgt, dass nicht zu viel Feuchtigkeit durch den Einschnitt entweicht und der Teig sauber reißt.
- Zügig und mit entschlossenen Bewegungen arbeiten. Wenn die Klinge langsam durch den Teig gezogen wird, entsteht ein ungleichmäßiger, zu tiefer Einschnitt.
- Die Einschnitte sollten etwa 5 mm tief sein. Wenn der Teig nicht ganz ausgereift ist, kann der Einschnitt etwas tiefer gehen. Hat er Übergare, sollte der Einschnitt recht flach sein.

Den eingeschnittenen Teig sofort in den heißen Topf geben. Auch das erfordert etwas Übung. Machen Sie sich keine Sorgen, wenn der Teig bei den ersten Malen etwas schief im Topf liegt. Zum einen dehnt sich der Teig beim Backen aus, zum anderen wird er durch den Topf so geformt, dass Sie am Ende fast immer ein vorzeigbares Brot aus dem Ofen holen können.

Den Deckel aufsetzen und den Topf mit Ofenhandschuhen in den heißen Backofen stellen. Die Hitze auf 240 °C reduzieren und das Brot 20 Minuten backen (Küchenwecker stellen). Den Deckel abnehmen und das Brot nun bei 230 °C weitere 20 Minuten backen oder bis das Brot eine schöne goldbraune Kruste hat.

LE CREUSET

BACKEN AUF SCHAMOTTESTEINEN

Kaufen Sie im Baumarkt sechs Schamottesteine. Länge und Breite der Steine haben oft Standardmaße, aber ihre Dicke kann variieren. Wählen Sie die dünnsten Steine, idealerweise etwa 2 cm dick. In einen normalen Haushaltsbackofen sollten üblicherweise sechs Steine passen.

Den Rost in die zweite Schiene von unten schieben und die Steine dicht in zwei Dreierreihen darauflegen. Ein Backblech in die unterste Schiene unter die Schamottesteine schieben.

Alternativ können Sie das Brot auf einem Pizzabackstein backen, der allerdings in der Regel dünner ist und deshalb nicht so viel Hitze speichern kann. Der Ofentrieb und die Entwicklung des Brotes sind zwar ganz ordentlich, aber die Kruste auf der Unterseite des Brotes ist nach dem Abkühlen des gebackenen Laibs dünner.

Den Backofen mit den Steinen 1½–2 Stunden auf höchster Stufe vorheizen. Dann 400 ml Wasser aufkochen und in ein handliches Gießgefäß füllen. Eine ofenfeste Schale auf den Ofenboden setzen. Den Teig aus dem Kühlschrank nehmen. Die Seite des Teiglings mit dem Teigschluss (die im Gärkorb nach oben zeigt) dünn mit Mehl bestäuben und den Teigling aus dem Gärkorb auf einen leicht bemehlten Brotschieber oder ähnliches stürzen. Den Teigling rasch einschneiden und auf die heißen Schamottesteine schieben. Das heiße Wasser in die Schale auf dem Ofenboden füllen. Das Brot 20 Minuten bei 240 °C backen, dann die Ofentür öffnen, um den Dampf abzulassen. Sie können das Brot nun auch etwas drehen, damit es gleichmäßiger bräunt. Das Brot weitere 20–25 Minuten bei 230 °C backen, bis die Kruste schön gebräunt ist. Wir mögen ein Brot mit ziemlich dunkler Kruste am liebsten!

Wenn Sie Schwierigkeiten haben, den Laib vom Brotschieber auf die Schamottesteine zu bekommen, können Sie den Teigling erst auf einen Bogen Backpapier stürzen, das Brot samt Backpapier auf den Brotschieber heben und von dort auf die Schamottesteine schieben. Das Backpapier kann nach 15–20 Minuten unter dem Laib weggezogen werden, damit er während der letzten Backphase direkten Kontakt mit den Steinen hat.

4

PANNENHILFE

WAS IST SCHIEFGEGANGEN?

Backen mit Sauerteig ist nie völlig vorhersehbar. Schließlich ist Sauerteig ein lebender Organismus, der durch seine Pflege, durch Schwankungen von Temperatur und Luftfeuchtigkeit und durch die verwendeten Mehlsorten beeinflusst wird. Und es gibt etliche andere schwer steuerbare Einflüsse, die auf mikroskopischer Ebene ablaufen. Dennoch können Sie für gute Ergebnisse entscheidende Faktoren im Auge behalten.

DER TEIG REISST WÄHREND DER STOCKGARE AUF

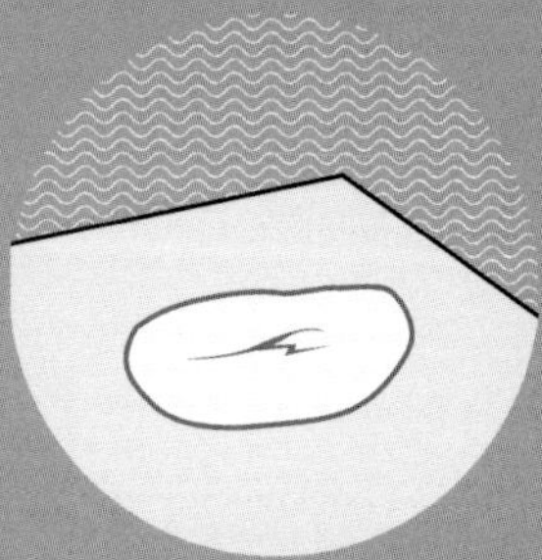

Das kann ein Hinweis auf glutenschwaches Mehl sein. Bei unserem Mehl, das von Getreide kleiner, regionaler Erzeuger stammt, schwankt die Glutenstärke natürlicherweise je nach Erntejahr. Eine Lösung des Problems kann sein, die Wassermenge im Teig zu reduzieren (70% ist im Allgemeinen sicher). Alternativ kann man auch mal den Anteil von Vollkornmehl im Teig verringern.

DER TEIG BLEIBT AM GÄRKORB KLEBEN

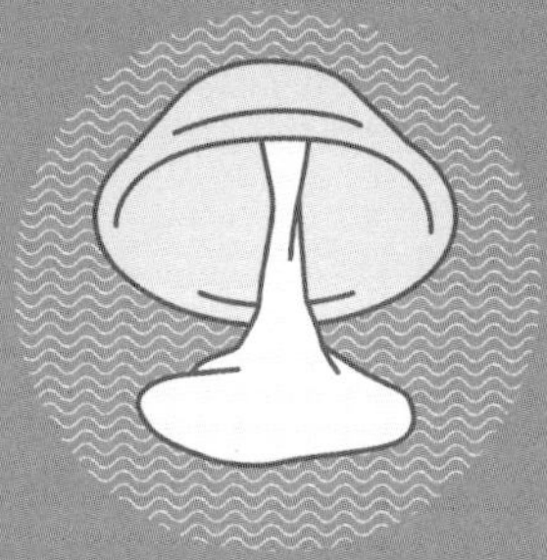

Das kann passieren, wenn Sie mit nassen Teigen arbeiten und der Korb nicht ausreichend mit Mehl ausgestäubt wurde. Zum Ausmehlen des Korbes empfehlen wir eine Mischung aus je einem Teil Reismehl und gesiebtem Mehl. Reismehl quillt bei Kontakt mit Wasser nicht so schnell auf und bleibt länger trocken. Dadurch lässt sich der Teig leichter aus dem Gärkorb lösen.

DAS BROT GEHT LANGSAMER AUF ALS IM REZEPT ANGEGEBEN

Läuft die Gärung nicht wie gewünscht ab, kann das am Anstellgut liegen. Damit es ausreichend aktiv ist, sollte es oft und regelmäßig aufgefrischt werden, am besten morgens und abends. Häufig wird das Anstellgut zwischen den Backtagen im Kühlschrank aufbewahrt. Um sicherzugehen, dass es ausreichend aktiv ist, sollten Sie vor dem Backtag 2 Tage lang morgens und abends „füttern“. Idealerweise sollte es jeweils 6 Stunden nach dem Auffrischen die maximale Aktivität erreicht haben, was auch von der Raumtemperatur abhängt.

Die beste Gärtemperatur liegt leicht über Raumtemperatur bei 24–26 °C. Wenn der Teig also nur langsam aufgeht, könnte eine wärmere Umgebung helfen. Auch wichtig: für das Auffrischen des Anstellguts, für den Ansatz des Sauerteiges und für den Hauptteig immer etwa 30 °C warmes Wasser verwenden!

Wenn der Teig langsam aufgeht und das Brot kompakt und schal im Geschmack wird, kann es daran liegen, dass der Sauerteig nicht richtig angesetzt wurde. Achten Sie darauf, dass er reif ist, bevor Sie ihn verwenden.

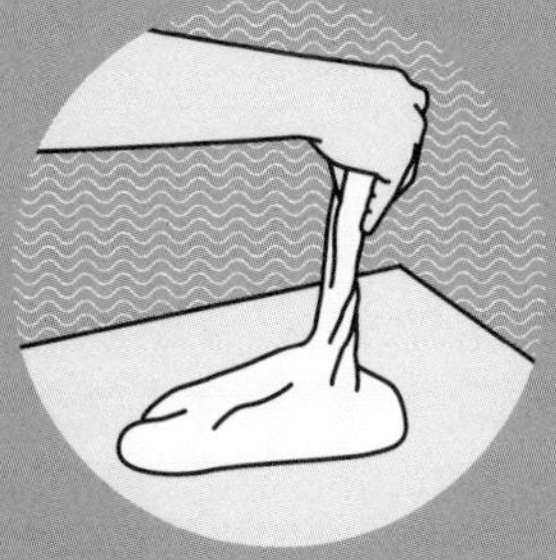

DER TEIG IST SEHR FEUCHT UND LÄSST SICH NUR SCHWER BEARBEITEN

Der Wasseranteil im Teig ist zu hoch. Es gibt keine feste Regel für die richtige Teighydration, da alle Mehle eine unterschiedliche Absorptionsfähigkeit haben. Mischen Sie den Hauptteig zunächst mit weniger Wasser, etwa 70 %. Nach der Autolyse können Sie mit dem Salz etwas Wasser in kleinen Portionen – maximal 25 g (5 %) auf einmal – einarbeiten. Das Wasser darf nicht kälter sein als beim ersten Mischen des Teiges, besser sind sogar ein paar Grad wärmer.

Der Umgang mit nassem Teig erfordert Geschick und Technik. Sind Sie sicherer im Umgang mit Brotteig, können Sie die Wassermenge erhöhen. Manchmal wirkt der Teig nass und läuft auf der Arbeitsfläche stark auseinander, weil die Gärung langsamer abläuft. Der Teig ist in dem Fall nicht feuchter, sondern nur schwächer und weniger elastisch. Der Sauerteig hat nicht schnell genug Säure im Teig entwickelt, die das Klebergerüst stärkt und den Teig straffer macht. Straffer Teig kann mehr Wasser aufnehmen.

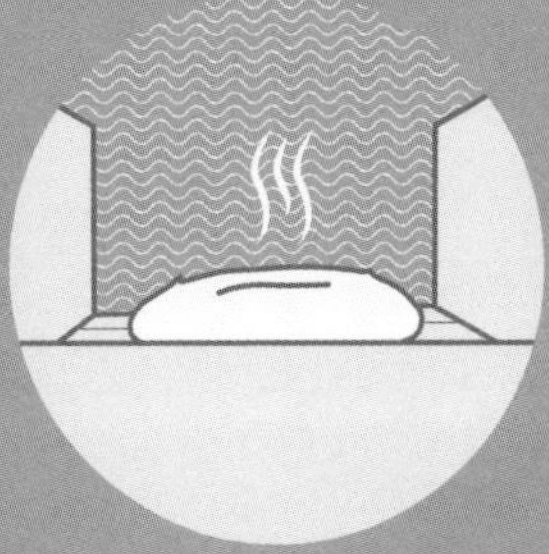

DAS BROT BLEIBT IM OFEN FLACH

Wenn die Stückgare im Gärkorb zu lang ist und über die optimale Gärreife hinausgeht (Übergare), hat der Teig keine Kraft mehr, sich in der Ofenhitze auszudehnen, weil das Klebergerüst aufgrund der Übergare schon wieder geschwächt ist. In diesem Fall muss die Stückgare (im Gärkorb) verkürzt werden. Achten Sie auch darauf, dass die Kühlschranktemperatur für die kalte Gare nicht zu hoch ist. Wenn das Problem weiterhin besteht, mischen Sie etwas weniger Sauerteig in den Hauptteig, z. B. 75 g (15 %) statt 100 g (20 %), und zwar aus 15 g Anstellgut, 15 g gesiebtem hellem Brotmehl, 15 g Vollkornmehl und 30 g Wasser (30 °C). Lassen Sie den damit angesetzten Sauerteig 3–6 Stunden reifen.

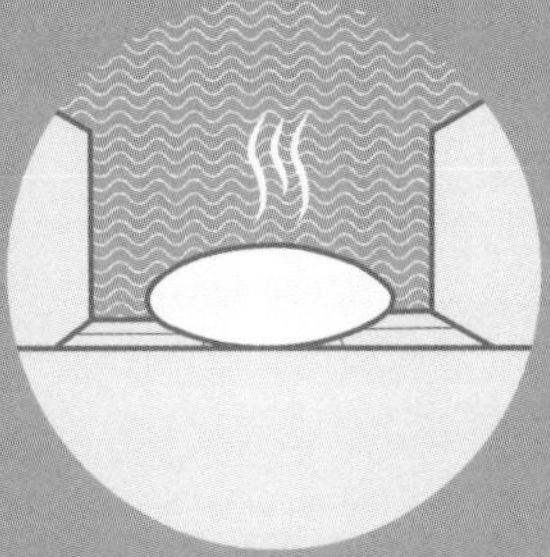

DAS BROT GEHT IM OFEN NICHT NACH OBEN AUF

Das bedeutet nicht, dass etwas nicht stimmt. Je höher der Wassergehalt des Teiges, desto weniger dehnt er sich nach oben aus, sondern er geht eher in die Breite, dafür ist die Krume feuchter. Wenn der Teig jedoch von unten aufgeht und nicht an den Einschnitten aufreißt, ist dies meist ein Zeichen dafür, dass der Teig zu viel Wasser enthält oder die Gärung zu langsam war.

Es kann auch daran liegen, dass der Ofen zu heiß ist; vielleicht haben Sie vergessen, die Hitze vor dem Backen auf 240 °C zu reduzieren. Ein Teig mit richtiger Gärreife geht in den ersten Minuten im Ofen zunächst auseinander, bevor der Ofentrieb richtig einsetzt und der Laib in der Mitte nach oben aufgeht.

Wenn der Teig nicht nur oben an den Einschnitten aufreißt, sondern auch seitlich, kann es sein, dass der Teig nicht reif genug war (Untergare) oder die Umgebung im Ofen nicht ideal ist. Vielleicht haben Sie die Wasserschale für den Dampf vergessen? In diesem Fall erstarrt die Teighaut durch die direkte Strahlungshitze und reißt dort willkürlich auf, wo sie am schwächsten ist, nämlich an den Seiten. Nehmen Sie Schamottesteine und heizen Sie den Ofen unbedingt vor. Schließen Sie die Entlüftungsöffnung mit einem Tuch.

5

REZEPTE

50 % DINKEL

Dieses Brot backen wir am häufigsten. Der hohe Anteil an Dinkelvollkornmehl aus der Steinmühle sorgt für ein gehaltvolles, nahrhaftes Brot mit mildem, nussigem Aroma. Bei diesem Brot standen wir vor der großen Herausforderung, trotz des hohen Anteils an Vollkornmehl eine weiche, feuchte Krume zu bekommen. Das Brot hat dadurch unsere Art, Brot zu backen, wesentlich geprägt.

Viele der handelsüblichen Dinkelmehle stammen von Sorten, die so oft mit modernem Weizen gekreuzt wurden, dass das Mehl viele seiner ursprünglichen Eigenschaften eingebüßt hat. Wenn Sie steingemahlenes Dinkelmehl von einem kleineren Handwerksbetrieb kaufen, sind Sie jedoch auf der sicheren Seite.

Dinkel hat überwiegend gute Backeigenschaften, allerdings hat sein Klebergerüst eine weichere Struktur als das von Weizenmehl. Das trägt zur zarten und leichten Krume bei, die fast auf der Zunge zergeht. Dinkelmehl aus der Steinmühle ergibt einen samtigen, geschmeidigen Teig, der sich wunderbar verarbeiten lässt. Gutes Dinkelmehl sollte sich ölig anfühlen, wenn man es zwischen den Fingern reibt – ein Zeichen dafür, dass die Fette aus dem Keim und damit auch viele Aromen erhalten geblieben sind.

ZUTATEN

Bäckerprozente in Klammern

Für den Sauerteig:
40 g aktives Anstellgut
30 g Wasser (30 °C)
15 g helles Brotmehl
15 g Dinkelvollkornmehl

Für den Hauptteig:
250 g Dinkelvollkornmehl (50 %)
250 g helles Brotmehl (50 %)
400–450 g Wasser (30 °C, 80–90 %)
10 g feines Meersalz, nicht raffiniert (2 %)
100 g Sauerteig (20 %)

1

SAUERTEIG ANSETZEN

40 g aktives Anstellgut (seit dem letzten Auffrischen 6–24 Stunden bei Raumtemperatur gereift), 30 g Wasser, 15 g helles Brotmehl und 15 g Dinkelvollkornmehl abwiegen. Die Zutaten sorgfältig in einer großen Schüssel verrühren, abdecken und den Sauerteig 2–4 Stunden reifen lassen. Das restliche Anstellgut wieder in den Kühlschrank stellen.

2

MEHL, WASSER UND SAUERTEIG MISCHEN (AUTOLYSE)

400–450 g Wasser abwiegen und zum Sauerteig in die Schüssel gießen. Mit den Fingern grob mischen. Die beiden Mehlsorten zufügen. Alles von Hand mischen, bis sich die Zutaten verbinden. Teig von der Schüsselwand mit einem Teigschaber oder einer Teigkarte nach unten schieben. Die Schüssel abdecken und den Teig 1 Stunde ruhen lassen (Küchenwecker stellen). Dann ab Schritt 3 dem Grundrezept folgen (siehe Seite 50).

ROGGENMISCHBROT

Roggen enthält mehr Zucker als andere Getreidesorten, deshalb schmeckt dieses Brot besonders süß und hat eine etwas dickere, aromatischere Kruste. Er entwickelt ein komplexes Aroma, sowohl süß als auch erdig. Wie bei jedem Getreide werden Aroma und Eigenschaften des Korns durch die Sorte, das Klima und den Boden während der Wachstumsperiode beeinflusst – und selbstverständlich von der Art und Weise, wie es zu Mehl verarbeitet wird. Ein Teig mit hohem Roggenanteil ist nicht immer ganz einfach zu handhaben, daher haben wir bei diesem Rezept nur einen Anteil von 20 % Roggenvollkornmehl vorgesehen. Das macht das Brot zu einem kräftigen, dunklen Landbrot und reicht aus, um den Charakter des Korns zur Geltung zu bringen.

Teig mit Roggenmehl ist relativ klebrig. Daher sollte die Arbeitsfläche besonders gründlich mit Mehl bestäubt werden. Es ist auch sinnvoll, die Wassermenge eher hoch anzusetzen, da Roggen mehr Wasser aufnimmt als andere Mehle.

ZUTATEN

Bäckerprozente in Klammern

Für den Sauerteig:
40 g aktives Anstellgut
30 g Wasser (30 °C)
15 g helles Brotmehl
15 g Roggenvollkornmehl

Für den Hauptteig:
100 g Roggenvollkornmehl (20 %)
400 g helles Brotmehl (80 %)
400–450 g Wasser (30 °C, 80–90 %)
10 g feines Meersalz, nicht raffiniert (2 %)
100 g Sauerteig (20 %)

1

SAUERTEIG ANSETZEN

40 g aktives Anstellgut (seit dem letzten Auffrischen 6–24 Stunden bei Raumtemperatur gereift), 30 g Wasser, 15 g helles Brotmehl und 15 g Roggenvollkornmehl abwiegen. Die Zutaten sorgfältig in einer großen Schüssel verrühren, abdecken und den Sauerteig 2–4 Stunden reifen lassen. Das restliche Anstellgut wieder in den Kühlschrank stellen.

2

MEHL, WASSER UND SAUERTEIG MISCHEN (AUTOLYSE)

400–450 g Wasser abwiegen und zum Sauerteig in die Schüssel gießen. Mit den Fingern grob mischen. Die beiden Mehlsorten zufügen. Alles von Hand mischen, bis sich die Zutaten verbinden. Teig von der Schüsselwand mit einem Teigschaber oder einer Teigkarte nach unten schieben. Die Schüssel abdecken und den Teig 1 Stunde ruhen lassen (Küchenwecker stellen). Dann ab Schritt 3 dem Grundrezept folgen (siehe Seite 50).

EMMER

Mit einem Anteil von 40% Emmervollkornmehl ist dieses Brot besonders aromatisch mit dezenten grasigen, heuartigen Noten und einer fast rötlichen Kruste. Emmer ist wie Einkorn und Dinkel ein Mitglied der Weizenfamilie. Wir haben Emmermehl von mehreren kleinen, lokalen Mühlen getestet und dabei festgestellt, dass seine Backeigenschaften je nach Erntejahr variieren können, aber das Aroma ist immer unverwechselbar. Der Teig lässt sich gut verarbeiten, wenngleich das Mehl nicht so backstark ist wie das von Dinkel oder Weizen. Aus diesem Grund geht ein Teig mit Emmermehl weniger auf. Aber mit einer entsprechenden Reifezeit lässt sich dennoch eine zarte, offene Krume mit einem hervorragenden vollmundigen Aroma erzielen.

ZUTATEN

Bäckerprozente in Klammern

Für den Sauerteig:
40 g aktives Anstellgut
30 g Wasser (30 °C)
15 g helles Brotmehl
15 g Emmervollkornmehl

Für den Hauptteig:
200 g Emmervollkornmehl (40 %)
300 g helles Brotmehl (60 %)
375–425 g Wasser (30 °C, 75–85 %)
10 g feines Meersalz, nicht raffiniert (2 %)
100 g Sauerteig (20 %)

1

SAUERTEIG ANSETZEN

40 g aktives Anstellgut (seit dem letzten Auffrischen 6–24 Stunden bei Raumtemperatur gereift), 30 g Wasser, 15 g helles Brotmehl und 15 g Emmervollkornmehl abwiegen. Die Zutaten sorgfältig in einer großen Schüssel verrühren, abdecken und den Sauerteig 2–4 Stunden reifen lassen. Das restliche Anstellgut wieder in den Kühlschrank stellen.

2

MEHL, WASSER UND SAUERTEIG MISCHEN (AUTOLYSE)

375–425 g Wasser abwiegen und zum Sauerteig in die Schüssel gießen. Mit den Fingern grob mischen. Die beiden Mehlsorten zufügen. Alles von Hand mischen, bis sich die Zutaten verbinden. Teig von der Schüsselwand mit einem Teigschaber oder einer Teigkarte nach unten schieben. Die Schüssel abdecken und den Teig 1 Stunde ruhen lassen (Küchenwecker stellen). Dann ab Schritt 3 dem Grundrezept folgen (siehe Seite 50).

GEKEIMTER ROGGEN

Roggenkörner sind sehr keimfreudig. Die gekeimten Körner liefern einen tollen, knackigen Biss und einen intensiven, süßen Geschmack. Dazu kommen viele wertvolle Nährstoffe. Mehr Informationen zu den gesundheitlichen Vorteilen von gekeimten Körnern finden Sie im Internet. Wir mögen Roggenkeimlinge jedoch vor allem wegen ihres Geschmacks und ihrer Textur. Nach dieser Anleitung können Sie auch jedes andere Getreide zum Keimen bringen und verbacken. Aber Roggen keimt einfach am schnellsten und ist so robust, dass der Keim normalerweise intakt bleibt.

ZUTATEN

Bäckerprozente in Klammern

Für den Sauerteig:
40 g aktives Anstellgut
30 g Wasser (30 °C)
15 g helles Brotmehl
15 g Dinkelvollkornmehl

Für den Hauptteig:
100 g Roggenkörner zum Keimen (20 %)
150 g Dinkelvollkornmehl (30 %)
350 g helles Brotmehl (70 %)
350–375 g Wasser (30 °C, 70–75 %)
10 g feines Meersalz, nicht raffiniert (2 %)
100 g Sauerteig (20 %)

AUSSERDEM

Große Schüssel (2–4 l Fassungsvermögen), Sieb und Leinentuch

1

ROGGENKÖRNER KEIMEN LASSEN, 2–3 TAGE VOR DEM BACKEN

Zum Keimen von Saaten und Getreide gibt es diverse Apparaturen, aber mit einem gewöhnlichen Sieb und einer großen Schüssel kann man sehr gut improvisieren: 100 g Roggenkörner im Sieb unter fließendem kaltem Wasser sorgfältig abwaschen. Eine große Schüssel mit einem Leinen- oder sauberen Geschirrtuch auskleiden. Das Tuch sollte so groß sein, dass es über das Sieb geschlagen werden kann. Das Sieb auf die Schüssel setzen. Die Roggenkörner mit kaltem Wasser begießen. Das Tuch über das Sieb schlagen und mit so viel Wasser begießen, dass der Stoff durchfeuchtet ist. Trockene Körner können nicht keimen! Je nach Außentemperatur sollte das Tuch bis zu viermal täglich gewässert werden, aber in der Regel reicht zweimal täglich, morgens und abends. Je wärmer der Raum ist, desto schneller erfolgt die Keimung. Allerdings muss dann auch das Tuch häufiger befeuchtet werden. Keimt das Korn, wird ein kleiner Keimling sichtbar – in der Regel nach 2–3 Tagen, manchmal auch schneller. Sobald die Keimlinge etwas länger sind, können sie zum Brotbacken verwendet werden. Werden die Keimlinge jedoch zu groß, verlieren sie an Aroma.

2

SAUERTEIG ANSETZEN

40 g aktives Anstellgut (seit dem letzten Auffrischen 6–24 Stunden bei Raumtemperatur gereift), 30 g Wasser, 15 g helles Brotmehl und 15 g Dinkelvollkornmehl abwiegen. Die Zutaten sorgfältig in einer großen Schüssel verrühren, abdecken und den Sauerteig 2–4 Stunden reifen lassen. Restliches Anstellgut wieder in den Kühlschrank stellen.

3

MEHL, WASSER UND SAUERTEIG MISCHEN (AUTOLYSE)

350–375 g Wasser abwiegen und zum Sauerteig in die Schüssel gießen. Mit den Fingern grob mischen. Die beiden Mehlsorten zufügen. Alles von Hand mischen, bis sich die Zutaten verbinden. Teig von der Schüsselwand mit einem Teigschaber oder einer Teigkarte nach unten schieben. Die Schüssel abdecken und den Teig 1 Stunde ruhen lassen (Küchenwecker stellen). Die gekeimten Roggenkörner zusammen mit dem Salz in Schritt 3 des Grundrezepts (siehe Seite 50) in den Teig einarbeiten und wie beschrieben fortfahren.

PAIN DE CAMPAGNE

Ursprünglich war das Pain de Campagne, das französische Landbrot, dazu gedacht, eine ganze Familie mehrere Tage zu ernähren. Früher gab es überall in Europa in jedem Ort Gemeinschaftsbackhäuser, die regelmäßig angeheizt wurden. Dorthin brachte jeder Haushalt seinen Brotteig, um ihn zusammen mit dem des Nachbarn zu backen. Damals war das Brot meist gröber als heute, da es noch keine industriellen Getreidemühlen gab. Das Mehl enthielt in der Regel auch einen kleinen Anteil Roggenmehl – oft unbeabsichtigt, da Roggen als „Unkraut" auf den Weizenfeldern wuchs und somit zwangsläufig mit dem Weizen vermahlen wurde. Heutzutage gibt es zahllose Sorten Landbrot. Die meisten sind relativ hell und haben eine luftige, saftige, lockere Krume. Chad Robertson von der Tartine Bakery in San Francisco hat mit seinem einfachen Landbrot den Standard gesetzt und die Hobbybäckerei weltweit revolutioniert. Von allen Bäckern hat uns Robertson mit seinem originellen Ansatz zweifellos am meisten inspiriert.

Unser Landbrot enthält neben dem Roggenmehl im Sauerteig auch 5% Roggenvollkornmehl im Hauptteig. Das Roggenmehl verbessert die Gärung und verleiht dem Teig Süße und Charakter. Von diesem milden Brot kann man sich einfach Stücke abbrechen und genießen.

ZUTATEN

Bäckerprozente in Klammern

Für den Sauerteig:
40 g aktives Anstellgut
30 g Wasser (30 °C)
15 g helles Brotmehl
15 g Roggenvollkornmehl

Für den Hauptteig:
400 g helles Brotmehl (80 %)
75 g Weizenvollkornmehl (15 %)
25 g Roggenvollkornmehl (5 %)
350–425 g Wasser (30 °C, 75–85 %)
10 g feines Meersalz, nicht raffiniert (2 %)
100 g Sauerteig (20 %)

1

SAUERTEIG ANSETZEN

40 g aktives Anstellgut (seit dem letzten Auffrischen 6–24 Stunden bei Raumtemperatur gereift), 30 g Wasser, 15 g helles Brotmehl und 15 g Roggenvollkornmehl abwiegen. Die Zutaten sorgfältig in einer großen Schüssel verrühren, abdecken und den Sauerteig 2–4 Stunden reifen lassen. Das restliche Anstellgut wieder in den Kühlschrank stellen.

2

MEHL, WASSER UND SAUERTEIG MISCHEN (AUTOLYSE)

350–425 g Wasser abwiegen und zum Sauerteig in die Schüssel gießen. Mit den Fingern grob mischen. Die drei Mehlsorten zufügen. Alles von Hand mischen, bis sich die Zutaten verbinden. Teig von der Schüsselwand mit einem Teigschaber oder einer Teigkarte nach unten schieben. Die Schüssel abdecken und den Teig 1 Stunde ruhen lassen (Küchenwecker stellen). Dann ab Schritt 3 dem Grundrezept folgen (siehe Seite 50).

MISCHBROT MIT QUELLSTÜCK

Bei dieser Methode wird das Vollkornmehl gesiebt und die herausgesiebte Kleie dann mit kochendem Wasser überbrüht. Die Kleie fängt an zu quellen und nimmt viel mehr Wasser auf, als es das nicht gesiebte Vollkornmehl tun würde. Der damit zubereitete Teig hat also einen höheren Wasseranteil, lässt sich aber immer noch gut verarbeiten. Das Quellen der Kleie sorgt für besonders milde, süßliche Aromen und eine saftige Krume, sodass das Brot länger frisch bleibt. Diese Technik eignet sich insbesondere für Teige mit Vollkornmehl aus Weizen, Dinkel, Emmer oder Einkorn.

ZUTATEN

Bäckerprozente in Klammern

Für den Sauerteig:
40 g aktives Anstellgut
30 g Wasser (30 °C)
15 g helles Brotmehl
15 g Weizen-, Dinkel- oder Emmervollkornmehl

Für den Hauptteig:
150 g Weizen-, Dinkel- oder Emmervollkornmehl (30 %)
350 g helles Brotmehl (70 %)
425–450 g Wasser (30 °C, 80–90 %),
davon 75 g Wasser zum Quellen der Kleie
10 g feines Meersalz, nicht raffiniert (2 %)
100 g Sauerteig (20 %)

AUSSERDEM

Feines Haarsieb, große und kleine Schüssel

1

KLEIE QUELLEN

Ein feines Haarsieb auf eine große Schüssel (2–4 l Fassungsvermögen) setzen. Die Schüssel auf die Waage stellen und 150 g Weizen-, Dinkel- oder Emmervollkornmehl im Sieb abwiegen. Das Mehl in die Schüssel sieben und die im Sieb zurückbleibende Kleie (etwa 20–30 g) in die kleinere Schüssel geben. Die Kleie mit 75 g kochendem Wasser überbrühen und 4–10 Stunden quellen lassen.

2

SAUERTEIG ANSETZEN

40 g aktives Anstellgut (seit dem letzten Auffrischen 6–24 Stunden bei Raumtemperatur gereift), 30 g Wasser, 15 g helles Brotmehl und 15 g Weizen-, Dinkel- oder Emmervollkornmehl abwiegen. Die Zutaten sorgfältig in einer großen Schüssel verrühren, abdecken und 2–4 Stunden reifen lassen. Das restliche Anstellgut wieder in den Kühlschrank stellen.

3

MEHL, WASSER UND SAUERTEIG MISCHEN (AUTOLYSE)

350–375 g Wasser abwiegen und zum Sauerteig in die Schüssel gießen. Mit den Fingern grob mischen. Weizenmehl und gesiebtes Vollkornmehl für den Hauptteig zugeben. Alles von Hand mischen, bis sich die Zutaten verbinden. Teig von der Schüsselwand mit einem Teigschaber oder einer Teigkarte nach unten schieben. Die Schüssel abdecken und den Teig 1 Stunde ruhen lassen (Küchenwecker stellen). Die aufgequollene Kleie zusammen mit dem Salz in Schritt 3 des Grundrezepts einarbeiten und wie beschrieben fortfahren (siehe Seite 50).

154

KAMUT

Kamut, manchmal auch als Khorasan-Weizen bezeichnet, gehört zu den ältesten bekannten Getreidesorten und ist mit Hartweizen verwandt. Brot mit einem hohen Anteil an Kamutmehl hat einen goldenen Bernsteinton, eine saftige, porige Krume mit mild-süßem Geschmack und maisartigem Aroma sowie eine besonders knusprige Kruste. Das Getreide hat einen sehr hohen Proteingehalt, was bedeutet, dass der Teig stark hydriert werden muss, soll das Brot nicht zu trocken werden. Kamut hat recht gute Backeigenschaften, sodass wir den Anteil des verwendeten Vollkornmehls problemlos auf 50 % erhöhen können, ohne dass Volumen oder Krume darunter leiden.

ZUTATEN

Bäckerprozente in Klammern

Für den Sauerteig:
40 g aktives Anstellgut
30 g Wasser (30 °C)
15 g helles Brotmehl
15 g Kamutvollkornmehl

Für den Hauptteig:
250 g Kamutvollkornmehl (50 %)
250 g helles Brotmehl (50 %)
425–450 g Wasser (30 °C, 80–90 %)
10 g feines Meersalz, nicht raffiniert (2 %)
100 g Sauerteig (20 %)

1

SAUERTEIG ANSETZEN

40 g aktives Anstellgut (seit dem letzten Auffrischen 6–24 Stunden bei Raumtemperatur gereift), 30 g Wasser, 15 g helles Brotmehl und 15 g Kamutvollkornmehl abwiegen. Die Zutaten sorgfältig in einer großen Schüssel verrühren, abdecken und den Sauerteig 2–4 Stunden reifen lassen. Das restliche Anstellgut wieder in den Kühlschrank stellen.

2

MEHL, WASSER UND SAUERTEIG MISCHEN (AUTOLYSE)

425–450 g Wasser abwiegen und zum Sauerteig in die Schüssel gießen. Mit den Fingern grob mischen. Die beiden Mehlsorten zufügen. Alles von Hand mischen, bis sich die Zutaten verbinden. Teig von der Schüsselwand mit einem Teigschaber oder einer Teigkarte nach unten schieben. Die Schüssel abdecken und den Teig 1 Stunde ruhen lassen (Küchenwecker stellen). Dann ab Schritt 3 dem Grundrezept folgen (siehe Seite 50).

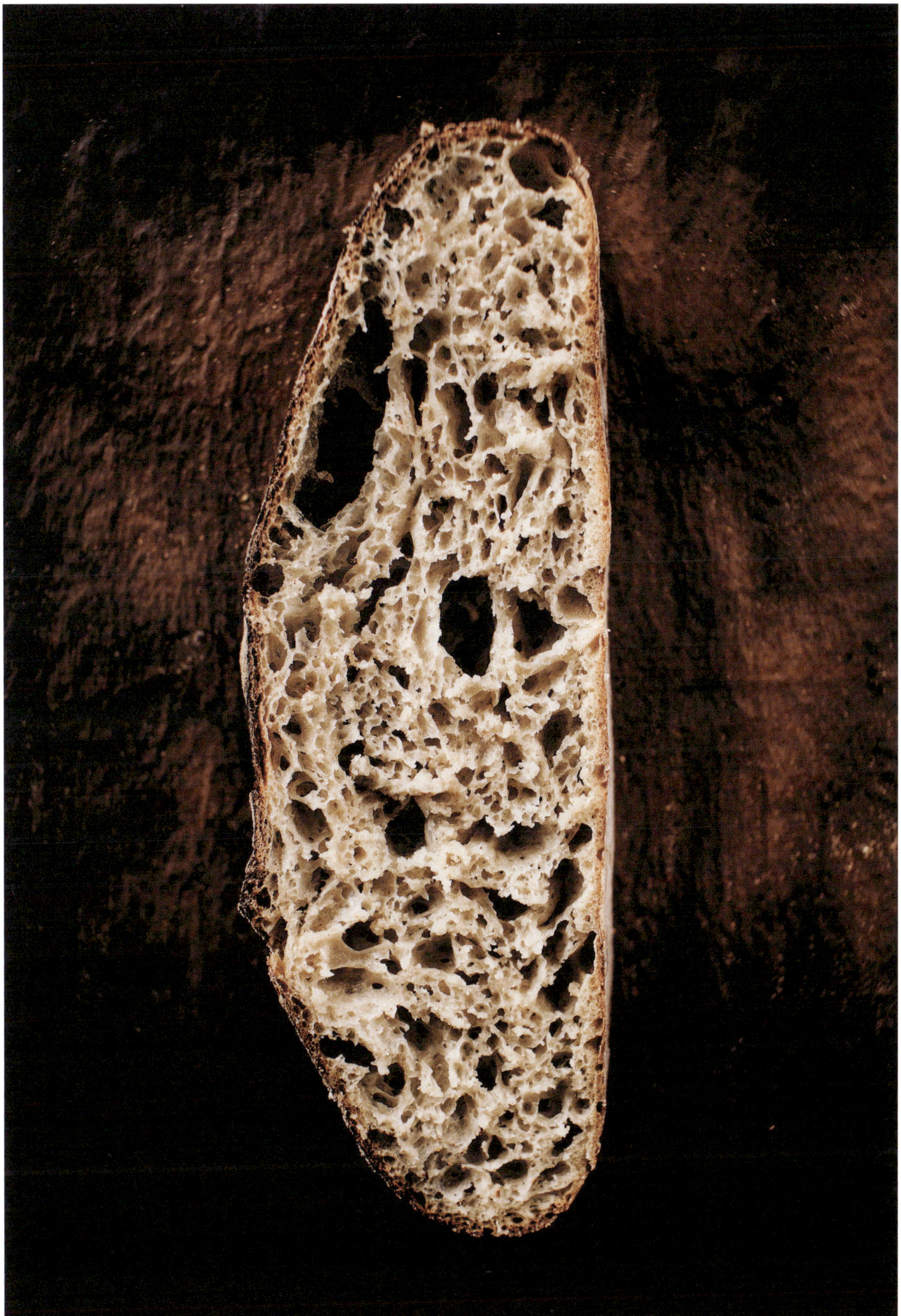

KASTENBROT

Neben den rustikalen runden Laiben wollten wir unbedingt auch ein Rezept für ein leckeres Kastenbrot in diesem Buch haben – nicht nur, weil wir Kastenbrot lieben, sondern als Alternative für alle, die wenig Platz oder nicht die nötige Küchenausstattung für unsere runden Laibe haben. Der Brotteig wird wie im Grundrezept zubereitet. Aber anstatt ihn nach dem Wirken in einen Gärkorb zu legen, kommt er hier in eine 1-Liter-Kastenform, die mit Rapsöl eingefettet wurde (Rapsöl passt hervorragend zu diesem Brot).

Der Teigling wird vor dem Backen nicht eingeschnitten, weil wir eine tiefgoldene, blasige Kruste haben wollen. Dadurch ist auch die Gefahr der Übergare nicht so dramatisch, weil der Teig durch das fehlende Einschneiden kein Volumen verliert.

In Scheiben geschnittenes Kastenbrot lässt sich sehr gut einfrieren und im Toaster auftauen oder aufbacken. Sie können praktischerweise mehrere Brote gleichzeitig in den Ofen schieben. Wir nehmen den Laib meist nach 30 Minuten Backen aus der Form, legen ihn auf die Seite und erhöhen die Temperatur, damit er eine rustikale, knusprige Kruste bekommt. Nach etwa 5 Minuten wird der Laib dann gedreht, damit er von allen Seiten schön bräunt.

ZUTATEN

Bäckerprozente in Klammern

Für den Sauerteig:	*Für den Hauptteig:*
40 g aktives Anstellgut	*100 g Weizenvollkornmehl (20 %)*
30 g Wasser (30 °C)	*400 g helles Brotmehl (80 %)*
15 g helles Brotmehl	*375–425 g Wasser (30 °C, 75–85 %)*
15 g Weizenvollkornmehl	*10 g feines Meersalz, nicht raffiniert (2 %)*
	100 g Sauerteig (20 %)

1

SAUERTEIG ANSETZEN

40 g aktives Anstellgut (seit dem letzten Auffrischen 6–24 Stunden bei Raumtemperatur gereift), 30 g Wasser, 15 g helles Brotmehl und 15 g Weizenvollkornmehl abwiegen. Die Zutaten sorgfältig in einer großen Schüssel verrühren, abdecken und den Sauerteig 2–4 Stunden reifen lassen. Das restliche Anstellgut wieder in den Kühlschrank stellen.

2

MEHL, WASSER UND SAUERTEIG MISCHEN (AUTOLYSE)

375–425 g Wasser abwiegen und zum Sauerteig in die Schüssel gießen. Mit den Fingern grob mischen. Die beiden Mehlsorten zufügen. Alles von Hand mischen, bis sich die Zutaten verbinden. Teig von der Schüsselwand mit einem Teigschaber oder einer Teigkarte nach unten schieben. Die Schüssel abdecken und den Teig 1 Stunde ruhen lassen (Küchenwecker stellen). Dann ab Schritt 3 dem Grundrezept folgen (siehe Seite 50). Den Teig für die Stückgare nicht in einen Gärkorb, sondern in eine gefettete Kastenform geben.

EINKORN

Einkorn hat ein kräftigeres Aroma als die meisten anderen Weizenarten und ist reich an Betacarotin (das orangefarbene Pigment, das auch in Karotten steckt). Daher kommt der leichte Bernsteinton des Teiges. Brot mit einem hohen Anteil an Einkornmehl hat außerdem eine dicke, herrlich knusprige Kruste.

Einkorn gehört zu den ältesten bekannten Getreidesorten. Wie auch Emmer ist es eine Urform der Weizenfamilie, zu der Dinkel und andere daraus gezüchtete Weizensorten gehören. Er hat zwar den höchsten Proteingehalt aller Weizenarten, aber keine besseren Backeigenschaften als moderner Weizen, was an der Qualität der Proteine liegt. Die wird daran gemessen, wie ausgeprägt ihre Fähigkeit zum Aufbau eines stabilen Glutennetzwerks ist. Zudem hat Einkorn eine eher schlechte Stärkeverkleisterung, weshalb sich der Teig klebrig anfühlt. Aus diesen Gründen ist Einkornmehl vielleicht das am schwierigsten zu handhabende Vollkornmehl, deshalb ist in diesem Rezept der Anteil auf 30% beschränkt. Wie bei allen alten Getreidesorten wird die Qualität des Korns erheblich durch die Anbaubedingungen beeinflusst. Wenn Sie Einkorn bekommen, das unter idealen Bedingungen gedeihen konnte, ist es viel einfacher, mit dem Mehl zu backen, und Sie können den Einkornanteil erhöhen.

ZUTATEN

Bäckerprozente in Klammern

Für den Sauerteig:
40 g aktives Anstellgut
30 g Wasser (30 °C)
15 g helles Brotmehl
15 g Einkornvollkornmehl

Für den Hauptteig:
150 g Einkornvollkornmehl (30%)
350 g helles Brotmehl (70%)
400–450 g Wasser (30 °C, 80–90%)
10 g feines Meersalz, nicht raffiniert (2%)
100 g Sauerteig (20%)

1

SAUERTEIG ANSETZEN

40 g aktives Anstellgut (seit dem letzten Auffrischen 6–24 Stunden bei Raumtemperatur gereift), 30 g Wasser, 15 g helles Brotmehl und 15 g Einkornvollkornmehl abwiegen. Die Zutaten sorgfältig in einer großen Schüssel verrühren, abdecken und den Sauerteig 2–4 Stunden reifen lassen. Das restliche Anstellgut wieder in den Kühlschrank stellen.

2

MEHL, WASSER UND SAUERTEIG MISCHEN (AUTOLYSE)

400–450 g Wasser abwiegen und zum Sauerteig in die Schüssel gießen. Mit den Fingern grob mischen. Die beiden Mehlsorten zufügen. Alles von Hand mischen, bis sich die Zutaten verbinden. Teig von der Schüsselwand mit einem Teigschaber oder einer Teigkarte nach unten schieben. Die Schüssel abdecken und den Teig 1 Stunde ruhen lassen (Küchenwecker stellen). Dann ab Schritt 3 dem Grundrezept folgen (siehe Seite 50).

100 % DINKEL

Geschmacklich gibt es kaum ein Brot, das mit diesem mithalten kann. Beim Backen lernt man die Eigenschaften des Dinkelkorns erst richtig zu schätzen, denn mit diesem Rezept entsteht ein Brot mit dunkler, reichhaltiger Krume und dicker, knuspriger Kruste mit intensiven Aromen.

Behalten Sie den Teig während der Gare unbedingt genau im Auge, denn Vollkornteig reift aufgrund der höheren Enzymaktivität schneller als Teig aus hellen Mehlen. Dieses Brot besteht bis auf den kleinen Anteil hellem Brotmehl im Sauerteig aus reinem Vollkornmehl. Frisches, steingemahlenes Vollkornmehl hat eine leicht ölige Konsistenz, weil die Keimfette noch vorhanden sind. Genauso bleiben die wertvollen Nährstoffe erhalten, da beim Mahlen des Getreides zwischen den sich langsam bewegenden Mahlsteinen sehr wenig Reibungswärme entsteht.

ZUTATEN

Bäckerprozente in Klammern

Für den Sauerteig:	*Für den Hauptteig:*
40 g aktives Anstellgut	*500 g Dinkelvollkornmehl (100 %)*
30 g Wasser (30 °C)	*400–450 g Wasser (30 °C, 80–90 %)*
15 g helles Brotmehl	*10 g feines Meersalz, nicht raffiniert (2 %)*
15 g Dinkelvollkornmehl	*100 g Sauerteig (20 %)*

1

SAUERTEIG ANSETZEN

40 g aktives Anstellgut (seit dem letzten Auffrischen 6–24 Stunden bei Raumtemperatur gereift), 30 g Wasser, 15 g helles Brotmehl und 15 g Dinkelvollkornmehl abwiegen. Die Zutaten sorgfältig in einer großen Schüssel verrühren, abdecken und den Sauerteig 2–4 Stunden reifen lassen. Das restliche Anstellgut wieder in den Kühlschrank stellen.

2

MEHL, WASSER UND SAUERTEIG MISCHEN (AUTOLYSE)

400–450 g Wasser abwiegen und zum Sauerteig in die Schüssel gießen. Mit den Fingern grob mischen. Das Mehl für den Hauptteig zugeben. Alles von Hand mischen, bis sich die Zutaten verbinden. Teig von der Schüsselwand mit einem Teigschaber oder einer Teigkarte nach unten schieben. Die Schüssel abdecken und den Teig 1 Stunde ruhen lassen (Küchenwecker stellen). Dann ab Schritt 3 dem Grundrezept folgen (siehe Seite 50).

NACKTGERSTE

Nacktgerste ist eine der ältesten Getreidearten, die wir kennen. Sie wird „nackt“ genannt, weil die Spelzen, „die Schalen“, beim Ernten abfallen und das Korn deshalb nicht geschält und poliert werden muss. Nacktgerste hat einen weichen, milden Geschmack.

Getreidesorten wie die Nacktgerste, die nicht besonders backstark sind, setzen wir ein, um unseren Broten Aroma und Charakter zu verleihen. Dies kann auf unterschiedliche Weise geschehen. Eine der besten Methoden ist, die ganzen Körner weich zu kochen und in den Teig einzuarbeiten, wenn er sein Klebergerüst ausgebildet hat. Durch das Kochen werden die Körner weich, und ihre natürliche Süße kommt zur Geltung. Zudem wird das Brot sehr saftig und nährstoffreich.

Es eignen sich auch andere Körner wie normale Gerste für diese Methode. Sie können die Körner nach dem Kochen auch fermentieren: einfach mit 1 Teelöffel Anstellgut mischen und 6–10 Stunden stehen lassen. So erhält das Brot eine frische, angenehme Säure und einen ganz neuen Charakter. Experimentieren Sie!

ZUTATEN

Bäckerprozente in Klammern

Für den Sauerteig:
40 g aktives Anstellgut
30 g Wasser (30 °C)
15 g helles Brotmehl
15 g Dinkelvollkornmehl

Für den Hauptteig:
100 g (Nackt-)Gerstenkörner (20 %)
200 g Wasser zum Einweichen und Quellen der Körner (20 %)
150 g Dinkelvollkornmehl (30 %)
350 g helles Brotmehl (70 %)
350–375 g Wasser (30 °C, 70–75 %)
10 g feines Meersalz, nicht raffiniert (2 %)
100 g Sauerteig (20 %)

1

24 STUNDEN VOR ANSETZEN DES SAUERTEIGES

Die (Nackt-)Gerstenkörner mit 100 g kaltem Wasser in eine Schale geben und 8–12 Stunden oder über Nacht einweichen.

12 STUNDEN VOR ANSETZEN DES SAUERTEIGES

100 g Wasser zum Kochen bringen. Die Gerste damit überbrühen und weitere 4–12 Stunden quellen lassen.

2

SAUERTEIG ANSETZEN

40 g aktives Anstellgut (seit dem letzten Auffrischen 6–24 Stunden bei Raumtemperatur gereift), 30 g Wasser, 15 g helles Brotmehl und 15 g Dinkelvollkornmehl abwiegen. Die Zutaten sorgfältig in einer großen Schüssel verrühren, abdecken und 2–4 Stunden reifen lassen. Das restliche Anstellgut wieder in den Kühlschrank stellen.

3

MEHL, WASSER UND SAUERTEIG MISCHEN (AUTOLYSE)

350–375 g Wasser abwiegen und zum Sauerteig in die Schüssel gießen. Mit den Fingern grob mischen. Die beiden Mehlsorten zufügen. Alles von Hand mischen, bis sich die Zutaten verbinden. Teig von der Schüsselwand mit einem Teigschaber oder einer Teigkarte nach unten schieben. Die Schüssel abdecken und den Teig 1 Stunde ruhen lassen (Küchenwecker stellen). Die Gerstenkörner zusammen mit dem Salz in Schritt 3 des Grundrezepts (siehe Seite 50) in den Teig einarbeiten und wie beschrieben fortfahren.

GERÖSTETER HAFER

Nur wenige Getreidesorten haben so viel Charakter und Geschmack wie Hafer. Die meisten kennen ihn in Form von Haferflocken. Wie Gerste hat auch Hafermehl keine besonders guten Backeigenschaften, weshalb wir Hafer in unseren Broten in erster Linie als Aromageber einsetzen.

Für dieses Brot rösten wir Haferflocken im Ofen und weichen sie dann ein. Durch das Rösten erhalten die Flocken ein wunderbar erdiges, vollmundiges Aroma. Sie können auch andere Getreideflocken verwenden, aber beachten Sie, dass einige Sorten, wie Roggen oder Gerste, härter sind und länger einweichen müssen. Lassen Sie Flocken von härteren Getreidesorten in der doppelten Menge kochendheißem Wasser quellen.

Das Brot erhält auch Streusel aus Haferflocken: Geben Sie dazu Haferflocken auf einen Teller und wenden Sie den Teigling darin, bevor Sie ihn in den Gärkorb geben. Bei diesem Rezept empfehlen wir, das Brot vor dem Backen nicht mit einer Klinge, sondern mit einer Schere einzuschneiden.

ZUTATEN

Bäckerprozente in Klammern

Für den Sauerteig:
40 g aktives Anstellgut
30 g Wasser (30 °C)
15 g helles Brotmehl
15 g Dinkelvollkornmehl

Für den Hauptteig:
100 g kernige Haferflocken (20 %)
100 g Wasser zum Einweichen der Haferflocken (20 %)
150 g Dinkelvollkornmehl (30 %)
350 g helles Brotmehl (70 %)
350–375 g Wasser (30 °C, 70–75 %)
10 g feines Meersalz, nicht raffiniert (2 %)
100 g Sauerteig (20 %)

1

HAFERFLOCKEN RÖSTEN UND EINWEICHEN

Dieser Schritt kann parallel zum Auffrischen des Anstellguts am Morgen durchgeführt werden. Den Backofen auf 170 °C vorheizen. 100 g Haferflocken abwiegen und gleichmäßig in einer Lage auf einem Backbleich verteilen. Im vorgeheizten Ofen 10 Minuten rösten. Die Haferflocken einige Minuten abkühlen lassen, dann in eine Schüssel füllen und mit 100 g zimmerwarmem Wasser mischen. Anschließend abgedeckt 4–10 Stunden quellen lassen.

2

SAUERTEIG ANSETZEN

40 g aktives Anstellgut (seit dem letzten Auffrischen 6–24 Stunden bei Raumtemperatur gereift), 30 g Wasser, 15 g helles Brotmehl und 15 g Dinkelvollkornmehl abwiegen. Die Zutaten sorgfältig in einer großen Schüssel verrühren, abdecken und den Sauerteig 2–4 Stunden reifen lassen. Das restliche Anstellgut wieder in den Kühlschrank stellen.

3

MEHL, WASSER UND SAUERTEIG MISCHEN (AUTOLYSE)

350–375 g Wasser abwiegen und zum Sauerteig in die Schüssel gießen. Mit den Fingern grob mischen. Die beiden Mehlsorten zufügen. Alles von Hand mischen, bis sich die Zutaten verbinden. Teig von der Schüsselwand mit einem Teigschaber oder einer Teigkarte nach unten schieben. Die Schüssel abdecken und den Teig 1 Stunde ruhen lassen (Küchenwecker stellen). Die Haferflocken zusammen mit dem Salz entsprechend Schritt 3 des Grundrezepts (siehe Seite 50) in den Teig einarbeiten. Wie beschrieben fortfahren.

FREUNDSCHAFTSBROT

Schon früh sind wir auf Instagram auf eine große Backcommunity gestoßen, durch die wir verfolgen konnten, was ander Bäcker auf der ganzen Welt so machen und uns inspirieren lassen konnten. Für Hobbybäcker wie uns war das eine sehr lohnende Quelle, um Rezepte und Erfahrungen auszutauschen.

Besonders intensiven Kontakt hatten wir mit Jonas Rieback (@jonas_rieback) und Martin Westin (@leveriktigtbrod). Die beiden Schweden bereiten wunderbares Sauerteigbrot zu und haben die gleiche Leidenschaft für hochwertige Zutaten wie wir. Auch sie sind der Meinung, dass das beste Brot oft aus der eigenen Küche stammt. Nach einem regen Austausch von Ideen entstand dieser rustikale Laib mit gerösteten und in Bier gequollenen (Nackt-)Gerstenflocken. Jede Biersorte ist geeignet. Unserer Meinung nach ist ein hopfiges Bier wie ein IPA mit ausgeprägtem Hopfenaroma die beste Wahl, da es den süßen, vollen Geschmack der Gerstenflocken wunderbar ergänzt.

ZUTATEN

Bäckerprozente in Klammern

Für den Sauerteig:
40 g aktives Anstellgut
30 g Wasser (30 °C)
15 g helles Brotmehl
15 g Dinkelvollkornmehl

Für den Hauptteig:
100 g (Nackt-) Gerstenflocken (20 %)
200 g helles Bier (40 %)
500 g helles Brotmehl (100 %)
350–375 g Wasser (30 °C, 70–75 %)
10 g feines Meersalz, nicht raffiniert (2 %)
100 g Sauerteig (20 %)

1

GERSTENFLOCKEN RÖSTEN UND EINWEICHEN

Den Backofen auf 170 °C vorheizen. Das Bier einmal kurz aufkochen und beiseitestellen. Die Gerstenflocken gleichmäßig in einer Lage auf einem Backbleich verteilen und im vorgeheizten Ofen 10 Minuten rösten. Die Flocken einige Minuten abkühlen lassen, dann in eine Schüssel füllen und mit dem heißen Bier übergießen. Anschließend abgedeckt 4–8 Stunden quellen lassen.

2

SAUERTEIG ANSETZEN

40 g aktives Anstellgut (seit dem letzten Auffrischen 6–24 Stunden bei Raumtemperatur gereift), 30 g Wasser, 15 g helles Brotmehl und 15 g Dinkelvollkornmehl abwiegen. Die Zutaten sorgfältig in einer großen Schüssel verrühren, abdecken und den Sauerteig 2–4 Stunden reifen lassen. Das restliche Anstellgut wieder in den Kühlschrank stellen.

3

MEHL, WASSER UND SAUERTEIG MISCHEN (AUTOLYSE)

350–375 g Wasser abwiegen und zum Sauerteig in die Schüssel gießen. Mit den Fingern grob mischen. Das Mehl zufügen. Alles von Hand mischen, bis sich die Zutaten verbinden. Teig von der Schüsselwand mit einem Teigschaber oder einer Teigkarte nach unten schieben. Die Schüssel abdecken und den Teig 1 Stunde ruhen lassen (Küchenwecker stellen). Die Gerstenflocken zusammen mit dem Salz entsprechend Schritt 3 des Grundrezepts (siehe Seite 50) in den Teig einarbeiten. Anschließend wie beschrieben fortfahren.

6

BEZUGS-QUELLEN

AKTIVE MÜHLEN

Bio-Mehl gibt es in einer beschränkten Auswahl mittlerweile sogar beim Discounter. Eine größere Palette an Sorten und Typen findet man im Bioladen oder Reformhaus. Für eine besonders hohe Mehlqualität und Mehle aus selteneren, alten Getreidesorten lohnt es sich aber auch, handwerklich arbeitende Mühlen in der Region ausfindig zu machen und die Mehle von dort zu beziehen. Die folgenden Adressen können Ihnen nützlich sein, da viele von ihnen Onlinebestellungen annehmen oder Sie an ihre Händler verweisen können.

DEUTSCHLAND:

AMMERNDORFER MÜHLE
Mühlgasse 11
90614 Ammerndorf
www.biomuehle-ammerndorf.de

BIO-MÜHLE EILING
Möhnestraße 98
59581 Warstein-Sichtigvor
www.biomuehle-eiling.de

BOHLSENER MÜHLE
Mühlenstraße 1
29581 Bohlsen
www.bohlsener-muehle.de

DONATH-MÜHLE
Dorfstraße 9
86825 Bad Wörishofen
www.donath-muehle.de

ELBLAND BIO-MÜHLE
Mühlenberg 1
29571 Rosche / Göddenstedt
www.flechtorfermuehle.de

GEORG GEHRSITZ HAFERFLOCKENFABRIK
Südliche Hafenstraße 7
97080 Würzburg
www.gehrsitz-muehle.de

HANDELSGESELLSCHAFT FÜR NATURPRODUKTE – GUT ROSENKRANTZ
Oderstraße 45
24539 Neumünster
www.gut-rosenkrantz.de

MAILÄNDER MÜHLE
Egerweg 30
86753 Möttingen
www.mailaender-muehle.de

MEYERMÜHLE
Hammerstraße 1
84034 Landshut
www.biomehl.bio

SPIELBERGER MÜHLE
Burgermühle
74336 Brackenheim
www.spielberger.de

VOGTLAND BIOMÜHLEN
Hauptstraße 20
08527 Plauen / Straßberg
www.vogtlandbiomuehlen.de

ÖSTERREICH:

Biomühle Hans Hofer
Michael-Hofer-Straße 133
2493 Lichtenwörth

Fuchsmühle Anthering
Schönberg 8
5102 Anthering

Hans Frauenlob Hochmühle
Dorf 15
5325 Plainfeld
www.frauenlob.at

Langer Mühle
3200 Ober-Grafendorf
Adolf-Wimmer-Straße 13
www.langer-muehle.at

Lerchenmühle Wieser
5440 Golling
Taggerstraße 43
www.lerchenmuehle.at

SCHWEIZ:

Lindmühle
Lindmüliweg 5
5413 Birmenstorf
www.lindmuehle.ch

Mühle Lamperswil
Zur Mühle 1
8556 Lamperswil
www.muehle-lamperswil.ch

Mühle Schönenbühl
3179 Kriechenwil
www.muehleschoenenbuehl.ch

Mühle Seengen
Oberdorfstrasse 33
5707 Seengen
www.muehle-seengen.ch

Mühle Rytz
Unterdorfstrasse 29
3206 Biberen
www.muehlerytz.ch

Steiner Mühle
Langnaustrasse 144
3436 Zollbrück
www.steiner-muehle.ch

BACKZUBEHÖR

Auf den Seiten 42–43 finden Sie die wichtigsten Gerätschaften, die für die Zubereitung der Brotrezepte in diesem Buch benötigt werden. Die meisten gibt es in jedem Kaufhaus oder in Küchenläden. Die folgenden Adressen sind vielleicht hilfreich, um das ein oder andere speziellere Utensil zum Brotbacken zu finden oder sich einfach inspirieren zu lassen.

DEUTSCHLAND:
BON'GU – Spezialversand für Feinkost, besondere Mehle, Küchenausstattung und einiges mehr. www.bongu.de

BROTZUTATEN – Onlineshop für alles rund ums Brotbacken: Küchenutensilien, Mehle, Körner, Gewürze, Bücher, Magazine und Zubehör. www.brotzutaten.de

HÄUSSLER – Die Firma Häussler ist spezialisiert auf Holzbacköfen, Elektrosteinbacköfen und Räucheröfen. Auch Backzubehör wird angeboten. Das Backdorf ist eine Ausstellungsfläche für alles rund ums Thema Backen. Die Webseite bietet Wissenswertes, Rezepte und Tipps. www.backdorf.de

KETEX – Gerhard Kellner gründete 2001 einen Brotbackblog. Daraus entwickelte sich ein Onlineshop, der seit 2018 von Christine und Axel Bauer betrieben wird. Den Blog führen Gerhard Kellner und Axel Bauer gemeinsam fort. www.ketex.de

MIPANO – Webseite mit Rezeptsuchmaschine, Suche nach Onlineshops für Brotbackzubehör und vielen Informationen rund ums Brotbacken. www.mipano.de

MOCKMILL – Getreidemühlen made in Germany sowie kleiner Shop für Backzubehör. www.mockmill.de

ÖSTERREICH:
DER BACKPROFI – Der Back-Profi Christian Ofner stellt Produkte rund ums Backen, auch mit regionalem Bezug (z. B. Mehle aus Österreich) vor. www.derbackprofi-shop.at.

KRUSTE UND KURME – Ladengeschäft in Wien und Onlineshop; große Auswahl an Mehlen, Backzubehör, auch Backkurse (vor Ort und online). www.krusteundkrume.at

STÖBER MÜHLE – Im Onlineshop der Mühle kann man selbst kreierte Backmischungen, aber auch Zubehör und weitere Zutaten finden. www.bakeaffair.at

SCHWEIZ:
LÜSCHERS MÜHLILADE – Mehle, Müslis, Urdinkel-Produkte, Sauerteig, Hefe und alles was man rund ums Backen braucht. www.lueschers-muehlilade.ch

MÜHLI-LADÄ – Direktverkauf der Grotzenmühle, auch Teigwaren und Backzubehör. Grotzenmühlestrasse 38, 8840 Einsiedeln.

INFORMATIONEN & BLOGS

Auf der ganzen Welt gibt es eine sehr aktive Community von Profi- und Hobbybäckern, die ihr Wissen über Sauerteigbrot teilen. In Deutschland bieten die Bäckerinnung und das Brotinstitut Informationen rund um das Thema Brot. Zahlreiche Blogs geben Tipps und stellen Rezepte zur Verfügung. Hier eine kleine Auswahl an Anlaufstellen:

DEUTSCHLAND:

BACKEN MIT FREUNDEN – deutschsprachige, internationale Online-Community für Hobbybäcker. www.backenmitfreunden.de

BÄCKERINNUNG – Die Bäckerinnung vertritt das Bäckerhandwerk. Die Webseite bietet Rezepte, Wissenswertes und einen Bäckereifinder. www.innungsbaecker.de

BROTMAGAZIN – Onlinemagazin rund ums Brotbacken. www.brot-magazin.de

DEUTSCHES BROTINSTITUT – Die Einrichtung führt die Qualitätsprüfungen der Bäckereien durch, veröffentlicht Fachinformationen, bildet Brot-Sommeliers aus und pflegt die deutsche Brotkultur. www.brotinstitut.de

KARINS BÄCKEREI – Brotblog auf deutsch und englisch; amerikanische Zutaten sowie Maßeinheiten und amerikanische Rezepte https://brotundmeer.org

LUTZ GEISSLER – Der bekannte Experte hat einen Blog und bereits zahlreiche Bücher geschrieben. www.ploetzblog.de

VALESSA SCHELL – Brotexpertin seit 30 Jahren. www.brotbackliebeundmehr.de

WILD BAKERS – Zwei junge Bäcker zeigen originelles, modernes Bäckerhandwerk. www.wildbakers.de

ÖSTERREICH:

BROTOKOLL BY ALEX – Der Blog bietet Rezepte, (Online-) Kurse und gute Tipps. www.brotokoll.com

CHRISTOPHER LANG – ist Brot-Sommelier und teilt sein Wissen in diesem Blog. www.christopherlang.at

DIETMAR KAPPL – Der Backfachmann teilt Fachwissen sowie Rezepte aus aller Welt und bietet Kurse an. www.homebaking.at

SCHWEIZ:

KATHARINA ARRIGONI – Die leidenschaftliche Brotbäckerin stellt viele Rezepte zur Verfügung. www.besondersgut.ch

SCHWEIZERBROT – Der Verein engagiert sich für Schweizer Brotkutur, Mehl und Getreide. www.schweizerbrot.ch

USA:

TREVOR J. WILSON – Der US-Amerikaner bezeichnet sich als Working Class Baker. Ein Brotenthusiast, der besonders für erfahrene Bäcker interessant ist. www.breadwerx.com

IMPRESSUM

in der Penguin Random House Verlagsgruppe GmbH
Neumarkter Straße 28 · 81673 München

produktsicherheit@penguinrandomhouse.de
(Vorstehende Angaben sind zugleich Pflichtinformationen nach GPSR)

Produziert von Elwin Street Productions Limited
10 Elwin Street | London E2 7BU
www.elwinstreet.com

BILDNACHWEIS
S. 14–15: Miłosz Guzowski/Alamy Stock Photo; S. 32: ImageBROKER/Alamy Stock Photo. Alle übrigen Fotos: Simen Grytøyr

Projektleitung: Julie Kiefer
Übersetzung aus dem Englischen: Lisa Heilig
Satz und Lektorat: Marion Neuwirth für bookwise medienproduktion gmbh, München
Gestaltung: Simen Grytøyr
Herstellung: Andrea Cobré

MIX
Papier | Fördert gute Waldnutzung
FSC® C016973
FSC www.fsc.org

Penguin Random House Verlagsgruppe FSC® N001967

Gedruckt in China

ISBN 978-3-7913-8806-9

www.prestel.de